Johannes Hahn (Fotos)
Sabine Lemke (Text)

DARMSTADT

Wartberg Verlag

Fotonachweis:
Johannes Hahn mit Ausnahme von S. 20 und S. 67
von Nikolaus Heiss

2. Auflage 2004
Alle Rechte vorbehalten, auch die des auszugsweisen Nachdrucks
und der fotomechanischen Wiedergabe.
Druck: Bernecker Media, Melsungen
Buchbinderische Verarbeitung: Buchbinderei Büge, Celle
© Wartberg Verlag GmbH
34281 Gudensberg-Gleichen, Im Wiesental 1, Telefon (0 56 03) 9 30 50
www.wartberg-verlag.de
ISBN: 3-86134-598-6

Darmstadt
– Spaziergang durch Straßen und Geschichte

„Darmstadt 1591 nach einer Federzeichnung von W. Dilich"

Das Darmstadt von heute zeigt sich seinen Bewohnern als klare, übersichtliche und freundliche Stadt. Gerade dem zu Fuß durch Darmstadt Schlendernden bieten sich großzügige und helle Straßen, die besonders im Innenstadtbereich das auto- und abgasfreie Flanieren zum Genuß machen. Cafés und Restaurants haben ihre Stühle und Tische ins Freie gestellt und stehen mit Erfrischungen dem Stadtwanderer zu Diensten. Doch trotz seiner Übersichtlichkeit und dem vielleicht empfundenen Mangel an von anderen Städten bekannten Fachwerkfassaden und verwinkelten Gäßchen gibt es in Darmstadt einige Kostbarkeiten und Kuriositäten zu entdecken, die an die Vergangenheit und die Geschichte dieser Stadt erinnern.

Die vergangenen Jahrhunderte an dieser Stelle vollständig wieder aufleben zu lassen – das kann und soll gar nicht Aufgabe dieses Farbbildbandes sein. Nein, hier sollen die Bilder den Darmstädter und seine Besucher zu Entdeckern machen, zu Entdeckern von Details des vermeintlich Wohlbekannten und ihn, einer Stippvisite gleich, sowohl in die Vergangenheit als auch in die Zukunft entführen, gleichzeitig aber auch den Blick für die reizvolle Gegenwart schärfen.

Das moderne Stadtbild, das sich dem Betrachter von heute offenbart, ist nicht wie in manchen anderen Städten das Ergebnis eines sich allmählich vollziehenden Wandels. Insbesondere die Innenstadt kann uns mühelos ein nahezu „faltenloses Gesicht" präsentieren, da sie ja gerade einmal knapp 50 Lenze zählt. Eine schöne Gegenwart, die durch die fast vollständige Zerstörung der Innenstadt im Zweiten Weltkrieg teuer bezahlt wurde. Daraus entstanden Notwendigkeiten und Chancen, die für den Kritiker oder den Kenner des alten Darmstadt nicht immer im Optimum verwirklicht wurden. Dennoch brachten sie eine Architektur hervor, die der Stadt doch innerhalb relativ kurzer Zeit wieder ein recht ansehnliches Gesicht gab.

Das wichtigste jedoch war, daß die Darmstädter nach der drastischen Zerstörung nicht nur wieder ein Dach über dem Kopf bekamen, sondern sich auch eine neue Identität suchen mußten: Darmstadt war nicht mehr Sitz der Hessischen Regierung. Die zentralen Behörden zogen in die neue Landeshauptstadt Wiesbaden. Drohte aus Darmstadt etwa ein „Provinznest" zu werden? Nein! Zu den tatkräftigen „Männern der ersten Stunde", die dieser möglichen Entwicklung entgegenwirkten, gehörte der erste Oberbürgermeister nach dem Zweiten Weltkrieg Ludwig Metzger. Er organisierte nahezu aus dem Nichts eine Verwaltung, die zunächst die Grundversorgung der Bevölkerung sicherstellte, und animierte die Darmstädter, nicht mit ihrem Schicksal zu hadern, sondern es selbst in die Hand zu nehmen. So kam, nachdem rund 3 Millionen Kubikmeter Trümmerschutt beseitigt waren, schließlich nach der Währungsreform 1948 der Wiederaufbau von Wohnungen und einer „rauchlosen Industrie" in Gang. Wenn schon nicht länger Hauptstadt, so wollte man sich doch durch eine ganze Auswahl an Schulen und wichtigen Behörden, durch eine gute Ausstattung des Gesundheitswesens und durch geschickte Neuansiedlung von Gewerbe und Industrie wenigstens einen Hauch von Großstadt verschaffen. Und es gelang. Auch auf kulturellem Gebiet glückte die Wiedergeburt. Schon im Herbst 1945 präsentierte die gerade gegründete „Neue Darmstädter Sezession" ihre erste Kunstausstellung, das Hessische Landestheater inszenierte in der provisorisch hergerichteten Orangerie die erste Aufführung, und die Volkshochschule bot im Februar 1946 erstmals wieder ihre Kurse an.

Kultur und Bildung – zwei Stichworte, die auch in der Vergangenheit immer wieder eine bedeutende Rolle gespielt haben, während Handel und Wirtschaft das Leben in Darmstadt erst in zweiter Linie bestimmt haben. Zugegeben, die Lage der Stadt gibt heutzutage keinen Anlaß zu Unmutsäußerungen: zwei Autobahnen kreuzen sich 3 Kilometer westlich der Stadt, entfernt genug, um die meisten Wohngebiete vor einem übermäßigen Lärmpegel zu bewahren, nah genug, um verkehrsmäßig gut angebunden zu sein. Wer das Auto meidet, befindet sich in Darmstadt am Schnittpunkt der Eisenbahnlinien Frankfurt–Heidelberg und Mainz–Aschaffenburg und der Linie, die direkt in den Odenwald führt. Und für alle, die in die wirklich weite Welt hinaus wollen oder müssen, befindet sich die Verbindung zu den Kontinenten in Frankfurt mit dem Rhein-Main-Flughafen in nur 25 Kilometer Entfernung. Doch einen Handelsweg vor der Zeit der Motorisierung und des Einzugs der Dampfeisenbahn konnte Darmstadt nicht nachweisen.

Ein Hauch von dem glanzvollen Leben am Rhein fiel auf Darmstadt, als Kaiser Ludwig der Bayer am 23. Juli 1330 Graf Wilhelm I. von Katzenelnbogen zum Dank für treue Dienste das Stadtrecht verlieh. Zum Schutz und Erhalt der Stadt durfte eine Mauer errichtet und ein Markt abgehalten werden. Die Grafen selbst residierten zwar hauptsächlich auf Burg Rheinfels, Gräfin Else jedoch nahm nach dem Tod ihres Gatten Graf Wilhelm II. von Katzenelnbogen 1385 in Darmstadt ihren Witwensitz und verhalf der kleinen Nebenresidenz erstmals zu etwas fürstlichem Glanz.

Wirtschaft und Kultur wurden natür-

"Marktplatz mit Rathaus. Von E.W. Cooke und Ch. G. Lewis, um 1840"

lich weitgehend durch den Einfluß der jeweiligen Landgrafen bestimmt, der sich nach dem Tod Philipps d. Ä. im Jahre 1479 ziemlich in Grenzen hielt. Da der letzte Graf aus dem Geschlecht derer von Katzenelnbogen ohne männliche Erben verstorben war, fiel seine Grafschaft an die hessischen Landgrafen, die weitab in Marburg residierten. Der Glanz Darmstadts verblaßte und erlosch schließlich durch die Belagerung 1518 durch Franz von Sickingen und jene im Jahr 1546 im Schmalkaldischen Krieg, in dem das Schloß vollständig zerstört wurde.

Neue Lichtblicke verschaffte der Stadt Georg I. (1567-1596), der nach dem Tod Landgraf Philipps des Großmütigen die ehemals katzenelnbogische Obergrafschaft erbte und Darmstadt zu seiner Residenz erkor. Während seiner Herrschaft entstanden das Schloß im Stil der Renaissance, der Herrngarten, der große Woog als Fischteich und ein erweiterter Marktplatz mit einem neuen Rathaus. Die mittelalterliche Befestigung wurde überschritten, um die Stadt für die Hofbeamten und die neu zuziehenden Handwerker erweitern zu können. Der Dreißigjährige Krieg sowie die Pest-Epidemie von 1635 bereiteten dieser Blütezeit ein jähes Ende.

Ein Aufleben der Kultur, insbesondere des Theaters, der Musik und der Malerei, verdankte die Stadt Landgraf Ernst Ludwig (1688-1739). Eine alte Reithalle wurde für Theateraufführungen hergerichtet und hatte bis 1944 als Kleines Haus des Landestheaters neben dem klassizistischen Theaterbau Georg Mollers Bestand. So kamen auch der Komponist Christoph Graupner und der Maler Johann Christian Fiedler an den Darmstädter Hof. An sie erinnern heute noch die nach ihnen benannten Straßen Graupnerweg und Fiedlerweg.

Seiner Zeit gemäß frankophil holte Ernst Ludwig mit seinem französischen Hofbaumeister Louis Remy de la Fosse ein wenig französischen Barock nach Darmstadt. Zu seinen nur zum Teil verwirklichten Plänen gehörten der Neubau des Schlosses und der Orangerie in Bessungen mit ihrem ebenfalls im französischen Stil angelegten Garten. Daß beides heute etwas unvollständig wirkt, liegt ausnahmsweise nicht an den Zerstörungen durch den Zweiten Weltkrieg, sondern am seinerzeit herrschenden Geldmangel: Beide Bauwerke wurden nie fertiggestellt.

So wie heute war die Kultur auch in früheren Zeiten ein ziemlich kostspieliges Vergnügen, das dem jeweiligen Landesherren das eine oder andere Loch in der Haushaltskasse bescherte. Da ein solcher Lebensstil, dessen Relikte wir gerne noch bewundern, nicht auf Dauer durchzuhalten war, veranlaßte Landgraf Ludwig IX. (1768-90) als Nachfolger seines Parforce-Jagd liebenden Vaters Ludwig VIII. (1739-1768) mit Hilfe des Ministers Carl von Moser eine Sanierung der Staatsfinanzen. Überliefert sind v.a. die „Moserschen Tabellen", die erste Statistik Hessen-Darmstadts, und das Kollegiengebäude am heutigen Luisenplatz, das seinerzeit als Sitz der Landesbehörden diente. In diesem Fall war es weniger der die meiste Zeit in Pirmasens residierende Landgraf, der als Kulturförderer auftrat (auch wenn er seine Soldaten nach selbstkomponierten Märschen exerzieren ließ), sondern seine Gemahlin, die „Große Landgräfin" Henriette Karoline. Sie leitet den Darmstädter Hof und rief gemeinsam mit Johann Heinrich Merck den sogenannten „Kreis der Empfindsamen", bestehend aus Musikern und Dichtern wie Herder, Klopstock, Wieland und Goethe ins Leben. Außerdem korrespondiert sie mit Friedrich dem Großen und Voltaire.

Zu Beginn des 19. Jahrhunderts endet die Zeit der Landgrafen und ihrer Landgrafschaft. Die territorialen Veränderungen der napoleonischen Zeit, die mit der Säkularisierung 1802/03 einsetzten und über die Gründung des Rheinbundes und das Ende des Alten Reiches 1806 bis zum Wiener Kongreß 1815 führten, verhalfen der kleinen Landgrafschaft zu einem fast doppelt so großen Großherzogtum. Aus Landgraf Ludwig X. wurde Groß-

"Die feierliche Enthüllung des Ludwigs Monuments zu Darmstadt den 25ten August 1844. Aufgenommen von Hofmaler [P.] Schneeberger"

herzog Ludewig I. von Hessen und bei Rhein.

Die Arrondierung des Staates hatte selbstredend auch eine Vergrößerung des Hofes und der Verwaltung zur Folge. Auch die Größe der Bevölkerung und der Truppen wuchs in der Stadt. Architekt Georg Moller plante die notwendig gewordene Stadterweiterung im Westen und hinterließ heute noch beeindruckende klassizistische Spuren in der Stadt: Ludewigsmonument, Hoftheater, Loge sowie die Kuppelkirche St. Ludwig. Auch die Anlage und somit die Begründung des Geschäftsviertels um Ludwigstraße und Ludwigsplatz verdankt die Stadt Georg Moller. Wenn auch die erste Hessische Verfassung von 1820 eher dem Großherzog als abgerungen denn dem Volk als verliehen betrachtet werden muß, so kommt doch erstmals die Kunst- und Kulturpolitik auch der allgemeinen Bevölkerung zugute: Theater, Bibliothek, großherzogliche Sammlungen und Herrngarten stehen jedermann offen. Als Zeichen des in der Tradition des aufgeklärten Absolutismus stehenden Politikers Ludewigs I. gilt auch die Einführung der Realschule 1821/22 und bereits 1790 die Zulassung einer katholischen Gemeinde.

Eine längst nicht so starke Persönlichkeit wie die Ludewig I. zeichnete seinen Nachfolger Ludwig II. (1830-1848) aus. Daher überließ dieser weitgehendst seinem Minister du Thil die Staatsregierung, dem ein zunehmend autoritärer Regierungsstil zu eigen war.

Es wurde sowohl die Finanzen als auch die Mit- bestimmung betreffend, um die die liberale Opposition im Landtag so gekämpft hatte, ein restriktiver Kurs gefahren. Auch die Pressefreiheit hatte bald ein Ende, Redakteure wurden verhaftet. Dennoch wollte man die gerade erreichte Freigabe der politischen Meinungsbildung nicht kampflos aufgeben: Statt der verbotenen Zeitungen erschienen heimlich gedruckte Flugblätter und Druckschriften wie der „Hessische Landbote" des Gießener Medizinstudenten Georg Büchner, der auch als Begründer der Darmstädter Sektion der „Gesellschaft der Menschenrechte" anzusehen ist. Ziel war nicht länger die Liberalisierung des bestehenden Staates, sondern der vollständige politisch-gesellschaftliche Umsturz. Doch zu-nächst konnte die demokratische Bewegung noch durch Inquisitions- und Strafverfahren unterdrückt werden. Gleichzeitig fanden auch eine Reihe wirtschaftlicher Aktivitäten statt, die vor allem durch Vereinsgründungen bestärkt wurden. Gegründet wurden u. a. der Landwirtschaftliche Verein, der Gartenbauverein und nicht zu vergessen die Eisenbahngesellschaft und der Gewerbeverein für das Großherzogtum Hessen, der die „höhere Ausbildung der inländischen Gewerbe" bezwecken sollte. In dieser Zeit fand auch die Technische Hochschule mit der Einrichtung einer „Höheren Gewerbeschule" als „allgemeintechnische oder polytechnische Lehranstalt" ihren Ursprung.

Mit den aufstrebenden Manufakturbetrieben vollzog sich auch ein sozialer Wandel, und man erweiterte die Bebauung der Stadt im Bereich des Wilhelminenplatzes und der oberen Wilhelminenstraße.

Vereinsgründungen bestimmten auch den kulturell-gesellschaftlichen Bereich der Bürger. Zu jener Zeit entstanden z.B. der Historische Verein für das Großherzogtum Hessen, Lesezirkel und bürgerliche Initiativen, die sich um das unter Finanznöten leidende Theater kümmerten. Ein lebendiges Bild des biedermeierlichen Darmstadt hat Ernst Elias Niebergall, ein Zeitgenosse Georg Büchners, mit seinem legendären „Datterich" der Nachwelt hinterlassen.

Nichtsdestotrotz bahnten sich wirtschaftliche und politische Krisen an. Erstere zeigten sich in einer Anzahl Auswanderungswilliger, die in Amerika hofften, ihr Glück zu finden, letztere u.a. in Forderungen nach Presse- und Versammlungsfreiheit, öffentlicher Strafprozeßführung und Religionsfreiheit. Die Proteste gipfelten in den Wirren der Revolution 1848/49. Mit dem Erlaß der Märzforderungen am 6. März 1848 wurdn erstmals die gewünschten bürgerlichen Rechte garantiert. Bereits in der ersten Hälfte des 19. Jahrhunderts gab es zahlreiche und auch bedeutende Manufakturbetriebe in Darmstadt, wie z.B. eine Tapetenfabrik mit über 70 Arbeitern und eine Hemdenfabrik mit 60 Näherinnen, eine Zündholzfabrik und eine Maschinenbauanstalt. Auch der namhafte Arzneimittelhersteller Merck wurde in dieser Zeit auf dem Gelände des heute nach ihm benannten Merckplatzes begründet. Mit der Niederlassung von industriellen Betrieben entstand ein erheblicher Kreditbedarf, der durch die 1853 gegründete Bank für Handel und Industrie gedeckt werden sollte.

Die Verbesserung der Infrastruktur führte zur weiteren Ansiedlung neuer Fabriken wie Goebel, Roeder und Schenck. Zur Modernisierung des Verkehrswesens gehörte die Eröffnung des Main-Neckar-Bahnhofs 1846 für die Strecke von Heidelberg über Darmstadt nach Frankfurt. Ab 1858 konnte man auch nach Mainz und Aschaffenburg, ab 1869 in den Odenwald und ab 1871 nach Worms reisen und Güter transportieren. Ab 1886 verband eine Dampfstraßenbahn die Vororte Eberstadt, Arheilgen und Griesheim mit Darmstadt, die 1897 durch eine elektrische Straßenbahn ersetzt wurde. Das 1888 errichtete Elektrizitätswerk in der Schuchardstraße lieferte den Strom für ihren Betrieb und sorgte

„Das Residenzschloß von Norden gesehen. Von Ernst August Schnittspahn, Gouache, 1866"

allgemein für eine Optimierung der Stromversorgung der Stadt. Die Einführung einer zentralen Wasserversorgung 1880 verbesserte erheblich die hygienischen Zustände. Eine weitere Verbesserung der Infrastruktur wurde durch die Erhebung der Höheren Gewerbeschule 1868 zur Polytechnischen Schule und 1877 schließlich zur Technischen Hochschule erreicht. Hand in Hand mit der Ansiedlung von Industriebetrieben ging die Erschließung neuer Wohngebiete wie Johannes- und Martinsviertel. Schließlich hatte sich die Bevölkerung doch in weniger als 50 Jahren von 32 500 Einwohnern im Jahr 1861 auf 72 300 im Jahr 1900 mehr als verdoppelt. Für die untersten sozialen Schichten der Industriearbeiter und Tagelöhner blieben allerdings nur die heruntergekommenen Häuser in der Altstadt. Die leitenden Angestellten und Beamten in Firmen, Verwaltung und Bildungseinrichtungen wohnten ab der Jahrhundertwende in den neuerschlossenen Vierteln wie der Gartenstadt Hohler Weg (heute: Komponistenviertel – die Straßen sind hier nach solchen benannt), dem Paulusviertel (auch Herdweg- oder Tintenviertel, nach ihren hauptsächlich am Schreibtisch ihren Lebensunterhalt verdienenden Bewohnern benannt) und auf und um die Mathildenhöhe. Besonders beliebt war der Landhausstil für die hier entstehenden Villen, lediglich die Bebauung der Mathildenhöhe war vom aufkommenden Jugendstil geprägt.

Mit Ernst Ludwig (1892-1918), dem Sohn der Großherzogin Alice, einer Tochter der Königin Viktoria von England, die sich als Gattin Ludwigs IV. durch Weltoffenheit, Bürger-nähe und besonders durch ihr soziales Engagement auszeichnete, bekam Darmstadt einen ausgesprochen liberalen und kunstsinnigen Fürsten. Selbst künstlerisch begabt, beteiligte er sich nicht nur persönlich am Theaterbetrieb, er malte, komponierte und dichtete auch. Zugleich gelang es ihm nach dem Vorbild und durch Weiterentwicklung der englischen Arts- und Crafts-Bewegung und der französischen Art Nouveau, Kunst, Kultur und Wirtschaft zu verknüpfen und der öffentlichen Verwaltung während seiner Regierungszeit eine bislang unbekannte Dynamik zu verleihen. Dies alles gemäß seiner eigenen Worte: „Mein Hessenland blü-he, und in ihm die Kunst." Entscheidend hierfür war die Gründung der Künstlerkolonie mit der Berufung von sieben jungen Künstlern. Ihre Arbeiten und die Umsetzung ihrer Ideen, z.T. auf Anregung Ernst Ludwigs, waren bereits 1901 in der Ausstellung mit dem Titel „Ein Dokument deutscher Kunst" auf der Mathildenhöhe zu sehen. Bis 1914, dem Ende der Künstlerkolonie, sollten noch drei weitere Ausstellungen mit wechselnder Besetzung der Künstler folgen. Das besondere in dieser neuen Kunstbestrebung lag in der Rolle der Kunst: Sie sollte ihren Platz im Alltag der Menschen und in ihren Gebrauchsgegenständen finden und allen Bevölkerungsschichten offen stehen. Die Umsetzung dieser Idee gelang nicht ganz, fand aber ihren Niederschlag bei den Darmstädter Baumeistern und Architekten, die in ihren repräsentativen Bauten, wie z.B. der Maschinenhalle der Technischen Hochschule von Georg Wickop (1908), der Pauluskirche (1907), dem Hauptbahnhof und dem Hauptgebäude der Merckschen Fabrik von Friedrich Pützer sowie dem Hallenbad von August Buxbaum (1909), Jugendstilelemente aufgriffen. Auch in der Darmstädter Möbelindustrie ließ man sich durch die Entwürfe der Jugendstilkünstler anregen. Nicht nur bei repräsentativen Projekten, sondern auch im sozialen Bereich zeigte sich eine fortschrittliche Gesinnung. Besonders zu nennen wäre hier der soziale Wohnungsbau. So entwarf Pützer nicht nur das Hauptgebäude für die Firma Merck, sondern auch eine ländliche Modellsiedlung, in der sich die aus dem Odenwald angeworbenen Fabrikar-

„Die katholische Kirche und ein Teil von Darmstadt. Von der Ludwigssäule aus gesehen. Von Ludwig Rohbock, um 1840"

beiter heimisch fühlen sollten. Es gab aber auch den preiswerten Klein-Wohnungsbau der Stadt, des Bauvereins und der Siedlergenossenschaft Daheim sowie des Ernst-Ludwig-Vereins zur Errichtung billiger Wohnungen. Diese Bemühungen und jene, auch die allgemeine Bevölkerung mit verbilligten Volksvorstellungen an Theater und Konzerten teilhaben zu lassen, konnten die offenen Arbeitskonflikte mit Hilfe der Vereinigten Gewerkschaften und des Evangelischen Arbeiter- und

Handwerkervereins zwar mildern, aber doch nicht endgültig lösen. Für die Unterhaltung des Volkes sorgten eher Vereine für Sport und Geselligkeit. Das Jahr 1914 sollte zwar das „Darmstädter Kunstjahr" werden, zu dem auf der Mathildenhöhe die 4. Ausstellung eröffnet wurde, aber nicht nur dieses, sondern auch der wirtschaftliche und soziale Aufschwung fanden mit Beginn des Ersten Weltkrieges ein vorzeitiges Ende.

Mit dem Ersten Weltkrieg endete die Zeit Darmstadts als Regierungssitz der ehemaligen Landgrafen und späteren Großherzöge. Unmittelbar nach der be-reits in der Nacht verkündeten Absetzung des Großherzogs wurde am 9. November 1918 Hessen zur „freien sozialistischen Republik" ausgerufen. Darmstadt blieb Landeshauptstadt, aber ohne den Glanz der früheren Residenz mit großherzoglichem Hof und Garnison. Die Folgen des Krieges hinterließen ihre Spuren: 2000 gefallene Soldaten waren zu beklagen und eine Beschränkung des wirtschaftlichen Lebens vor allem durch die französische Besatzung. Hinzu kamen Ausgewiesene und Flüchtlinge aus den besetzten Gebieten, die die Stadtverwaltung zu neuen Wohnungsbauprogrammen veranlaßten. Nicht weiter ausgebaut werden konnte der seit 1924/25 bestehende Verkehrsflughafen auf der Lichtwiese, von dem die Flugzeuge sowohl zu den großen Städten des Reichs als auch nach Westeuropa starteten. 1933 wurde der Flughafen nach Frankfurt verlegt. Die Machtergreifung der NSDAP im Jahr 1933 war die Folge von Inflation, Weltwirtschaftskrise und hoher Arbeitslosigkeit, die in Darmstadt weit über dem Reichsdurchschnitt lag. Während im Deutschen Reich knapp 44% der Wähler für die NS-Liste stimmten, wählten sie am 5. März 1933 in Darmstadt sogar 50% – trotz Massenkundgebungen, insbesondere der SPD und KPD. Am 6. März bereits wehte die Hakenkreuzfahne als Zeichen der Machtergreifung über dem Landtagsgebäude am Luisenplatz, wenige Tage später erfolgte die formelle Übertragung der Regierungsverantwortung.

Gleichschaltung, Entlassungen und Verhaftungen von Regimegegnern wie des hessischen Innenministers Wilhelm Leuschner und des Reichstagsabgeordneten Carlo Mierendorff waren die Folge. Auch in Darmstadt brannten im November 1938 drei Synagogen, einschließlich der Synagoge des südlichen Vororts Eberstadt. Dieser war durch Verfügung des Reichsstatthalters Jakob Sprenger mit dem nördlichen Vorort Arheilgen 1937 eingemeindet worden und machte Darmstadt zu einer Großstadt mit 110 738 Einwohnern. Die Stadtgemarkung wurde von 5700 auf rund 11 600 Hektar verdoppelt. Die Diskriminierung und Vertreibung der jüdischen Bevölkerung Darmstadts fand ihren Höhepunkt in den Deportationen 1942 und 1943 nach Auschwitz, Theresienstadt und in andere Lager. Durch die alliierten Bombenangriffe gab es bereits 1941 auch erste Todesopfer in der Zivilbevölkerung Darmstadts, die jedoch nur den Auf-takt zu dem furchtbarsten Ereignis in der Geschichte Darmstadts bildeten, das von der Innenstadt kaum mehr als eine Trümmerwüste mit über 11 000 Todesopfern hinterließ. Daß man Darmstadt als Stadt nach dieser schrecklichen Zerstörung nicht zu Grabe trug, sondern ihr eine Auferstehung oder eine Wiedergeburt zuteil werden ließ, kann heute zum Glück jeder Darmstädter und jeder Besucher bezeugen. Und so hat man sich in Darmstadt nicht nur darauf beschränkt, Notwendiges herzurichten und Zerstörtes wieder aufzubauen. Vielmehr hat man versucht, eine neue selbstbewußte Identität mit Besinnung auf das Bewährte und auf das, was den Geist und Charakter Darmstadts bestimmte, zu entwickeln.

Die 50er Jahre waren primär durch den Wiederaufbau bestimmt. Ganz Darmstadt war eine einzige Baustelle, Haus- und Straßenbau waren vorrangig. Daß es sich als Fluch erweisen würde, den Verkehr auf breit angelegten Straßenzügen, die man zunächst als Verbesserung gegenüber derjenigen des Vorkriegs-Darmstadt ansah, in die Stadt zu holen, konnte niemand voraussehen. Als „neue Lebensader" hingegen wurde die Gerauer Allee (später in Berliner Allee umbenannt) für das Neubaugebiet der immerhin rauchlosen und abgasfreien Industrie auf dem ehemaligen Kasernengelände freigegeben. Die Wohnungsnot erfuhr 1952 erste spürbare Linderung durch die Errichtung von 44 Einfamilienhäusern in der Heimstättensiedlung sowie durch die von der Wohnungsbaugesellschaft Hegemag fertiggestellten Häuser in der Innenstadt (Beck-, Roßdörfer-, Gabelsberger- und Heinrichstraße). Die ebenfalls in den 50er Jahren entstandenen Meisterbauten, zu ihnen gehören der Neubau der Frauenklinik von Otto Bartning, das Ludwig-Georg-Gymnasium von Max Taut, die Georg-Büchner-Schule von Hans Schwippert, das Ledigenwohnheim von Ernst Neufert und die „Kinderwelt" von Franz Schuster, sind das Ergebnis einer Ausschreibung im Rahmen der „Darmstädter Gespräche", einem internationalen Gesprächsforum über europäische Lebensfragen, das 1951 zum Thema „Mensch und Raum" stattfand. So wie St. Ludwig wieder aufgebaut wurde, konnten auch die Stadtkirche, das Rathaus mit Marktplatz und das Schloß wieder hergerichtet werden. St. Elisabeth und die Stiftskirche wurden als letzte Kirchen 1957 und 1958 wieder aufgebaut. Nachdem man wieder ein Dach über dem Kopf hatte, stellte sich auch wieder ein Bedarf am Konsum ein: 1953 eröffnet die Kaufhof-Filiale am Weißen Turm. Auch Kunst und Kultur bezogen wieder eigene und neue Räumlichkeiten: das neu gegründete Amerikahaus in der Kasinostraße und die Landesmusikschule mit ihrem neuen Namen „Akademie für Tonkunst". Auf der Rosenhöhe entstand eine neue „Künstlerkolonie". Zu ihren Bewohnern gehörten die Schriftsteller Kasimir Edschmid, Karl Krolow und Gabriele Wohmann. Am Steubenplatz wurde 1957 die von Theo Pabst geplante Kunsthalle eingeweiht. Die Technische Hochschule erweiterte ihr Angebot durch die Grundsteinlegung für das Deutsche Kunststoffinstitut. Die Bademöglichkeiten in den Naturbädern Arheilger Mühlchen und Großer Woog wurden durch das moderne Mühltalbad in Eberstadt bereichert. Bald waren die Grundbedürfnisse innerhalb der Stadt einigermaßen befriedigt, so daß die Darmstädter Städteverschwisterungen mit Troyes, Alkmaar und Chesterfield feierten, die den Beginn eines sich in den folgenden Jahren stetig vergrößernden Schwesterstädte-Reigens begründeten.

Beginn der Gegenwart
Die 60er Jahre stehen schon eher im Zeichen einer wirtschaftlichen Belebung und der Bildungsförderung der Bürger. So wird endlich der Beschluß für einen Theaterneubau auf dem Gelände des zerstörten Neuen Palais gefaßt. Das Justus-Liebig-Haus wird 1964 als Bürgerhaus eingeweiht und beherbergt Volkshochschule, Bibliothek, Festsaal und Foyer für Veranstaltungen und Ausstellungen. Das Bauhaus-Archiv wird im Ernst-Ludwig-Haus in Gegenwart von Walter Gropius eröffnet, nach 10 Jahren 1971 jedoch nach Berlin verlegt. Im Rahmen der Herbsttagung der Deutschen Akademie für Sprache und Dichtung, die 1949 in Frankfurt gegründet wurde und 1951 in Darmstadt ihren Sitz nahm, werden ab 1964 neben den bereits bestehenden Georg-Büchner-Preis weitere Auszeichnungen verliehen: Johann-Heinrich-Merck-Preis für literarische Kritik, Sigmund-Freud-Preis für wissenschaftliche Prosa und der Friedrich-Gundolf-Preis für Germanistik im Ausland. Später kommt der von der Stadt Darmstadt verliehene Leonce- und Lena-Preis für Lyrik hinzu. Für die Satellitenstadt Neu-Kranichstein wird 1968 der Grundstein gelegt, nachdem 80 Hektar Bodenfläche des ehemaligen Hofguts Kranichstein dafür angekauft wurden. Zu dieser Zeit hat Darmstadt auch seine bislang höchste Einwohnerzahl mit 140 803, die nur noch 1971 mit 142 000 Einwohnern übertroffen wird. In Darmstadt siedelt sich auch das Weltraumoperationszentrum ESOC an, dem wir die allabendliche Wetterkarte im Fernsehen verdanken.

Es kontrolliert und steuert den Wettersatelliten Meteosat, und ab 1985 auch die Raumsonde Giotto. Zur Rationalisierung des EDV-Einsatzes wird die Gründung eines kommunalen Gebietsrechenzentrums beschlossen. Auf der Lichtwiese, dem Gelände des ehemaligen Flughafens, siedeln sich Fachbereiche der Technischen Hochschule an, wie z.B. die Architektur.

Die 70er Jahre könnten unter dem Motto „Bildung für alle" stehen. Sie beginnen 1970 mit dem „Darmstädter Schulentwicklungsplan", einem Entwurf zur Integrierten Gesamtschule in Hessen. Der ersten Wohnungsnot der Studenten begegnet man mit der Errichtung von Studentenwohnungen auf dem Gelände des ehemaligen Gu-tes Karlshof an der Kranichsteiner Straße. Auch der bereits 1962 geplante Neubau der Werkkunstschule auf der Mathildenhöhe wird 1971 vollendet und in die im selben Jahr gegründete Fachhochschule eingegliedert. Das Audimax-Hochhaus am Karolinenplatz wird von der Verwaltung der Technischen Hochschule bezogen. Die Gesellschaft für Schwerionenforschung nimmt 1973 in Wixhausen ihren Schwerionenbeschleuniger in Betrieb. Die Eingemeindung dieses nördlichsten Stadtteils bedeutet erneuten Zuwachs für die Stadt, andererseits verliert sie ihren westlichen Stadtteil St. Stephan an Griesheim. Die Verwaltung der Stadt Darmstadt erhält mit dem Luisencenter 1977 ein neues Rathaus und die Bürger eine Einkaufspassage. Sie ermöglicht das Schaufensterbummeln trockenen Fußes auch bei Regen, so wie die Vertunnelung des Straßenverkehrs unter der Wilhelminenstraße das Bummeln zu einem abgasfreien Vergnügen werden läßt. Auch neben und nach dem Jugendstil findet Kultur auf der Mathildenhöhe statt: Auf Initiative von Karl Dedecius wird 1979 das Deutsche Poleninstitut gegründet, das zunächst im Olbrich-Haus, dann im Haus Deiters sein Domizil bezieht. Kunst hingegen wird auch im „Künstlerdorf" auf dem Gelände der ehemaligen Ziegelhütte an der Kranichsteiner Straße ausgestellt, vorzugsweise in Form von Plastiken.

In den 80er Jahren werden zwei Bürgerinitiativen und Förderkreise aktiv, um Denkmäler zu erhalten: Dem Förderkreis Hochzeitsturm ist es zu verdanken, daß die Darmstädter Mathildenhöhe als Denkmal nationaler Bedeutung eingestuft wird. Auch der Wiederaufbau des Pädagogs ist auf das Bemühen einer Bürgerinitiative zurückzuführen. Der ursprünglich für die Kunstsammlung des Fabrikanten Ströher geplante Museumsneubau wird fertiggestellt, doch die Sammlung geht nach Frankfurt. Ausnahmsweise einmal nicht Kunst, sondern vielmehr Wissenschaft und Technik aus Südhessen wird auf der Mathildenhöhe in Form einer Ausstellung mit dem Titel „Darmstadt innovativ" gezeigt. Auch die Technische Hochschule und die Gesellschaft für Schwerionenforschung nutzen 1986 den reizvollen Rahmen der Mathildenhöhe für ihre aufsehenerregende Symmetrieausstellung. Beide Institutionen sind übrigens auch Träger des repräsentativen Gästehauses Villa Hagenburg in der Dieburger Straße, nun Georg-Christoph-Lichtenberg-Haus genannt. Die Trabantenstadt Neu-Kranichstein bekommt neue Akzente und, damit verbunden, neue Attraktivität als Wohnviertel: Das Baugebiet Hammelstrift wird nach einer Modellplanung des Instituts für Wohnen und Umwelt bebaut und mehrfach lobend in der Architekturpresse erwähnt. 1984 läßt sich die Software-AG mit einem Neubau in Darmstadt-Eberstadt nieder, in unmittelbarer Nachbarschaft der seit 1981 dort ansässigen Freien Waldorfschule. Ein neues Haus bekommt auch die Akademie für Tonkunst in der Ludwigshöhstraße.

Eine Bereicherung der Architektur erhält Darmstadt mit dem Bau der Landeszentralbank Hessen und des Landessozialgerichts. Die jüdische Gemeinde kann 1988 eine neue Synagoge einweihen. Eine Reminiszenz an vergangene Zeiten ist das Rheintor, das 1987 vor der Kunsthalle wieder aufgestellt wird. Engagement für Forschung findet man nicht nur an der Technischen Hochschule, wo ein Zentrum für interdisziplinäre Technikforschung eingerichtet wird. Die chemische Fabrik Merck stiftet den Heinrich-Emanuel-Merck-Preis für Analytik, die Maschinenfabrik Carl Schenck fördert Nachwuchsforscher zu ihrem 100jährigem Jubiläum mit dem Carl-Schenck-Preis und die Maschinenfabrik Goebel stiftet 1990 den „Goebel-Preis" für hervorragende wissenschaftliche Leistungen.

Veränderungen und Errungenschaften der 90er Jahre:
Die Attraktivität Darmstadts als Studienort hat auch ihre Schattenseiten: Studentische Wohnungsnot ist allgegenwärtig. Der allgemeinen Wohnungsnot versucht man durch den Bau von Sozialwohnungen auf dem Gelände der Kliniken in Darmstadt-Eberstadt entgegenzuwirken. Auch einige öffentliche Gebäude ergänzen und vervollkommnen das Stadtbild. Das Fraunhofer-Institut siedelt sich auf dem Grundstück des alten Gefängnisses in der Rundeturmstraße an und macht Darmstadt um eine wissenschaftliche Institution reicher. Nach 27jährigem Dornröschenschlaf wird 1976 die Zukunft des als Hoftheater erbauten Mollerbaus in die Planung genommen, nach weiteren 10 Jahren mit dem Umbau begonnen und schließlich 1994 das „Haus der Geschichte" feierlich eingeweiht. Die als Mädchenschule erbaute Kyritzschule bleibt auch zukünftig dem weiblichen Geschlecht vorbehalten und beherbergt neben den Räumlichkeiten für die Christian-Morgenstern-Schule ein Frauenkommunikationszentrum. Jedermann und jede Frau kann seiner bzw. ihrer Leselust nun in helleren und größeren Räumen, frönen, denn die Stadtbibliothek wurde 1994 attraktiv erweitert. Wem das nicht reicht, der ergötze sich darüber hinaus im neu eingerichteten „Haus der Literatur", dem ehemaligen Amerikahaus.

Auch das Historische wird nicht vergessen: Das alte Zentrum der Stadt war der Marktplatz, der nun ein neues Pflaster bekommt und neu gestaltet wird. Das neue Zentrum, das in der Mitte des 19. Jahrhunderts mit der Errichtung des Ludewigsmonuments zu einem solchen avancierte, bekommt ein Pendant zum Luisencenter: Das „Carree" wird als weiteres Einkaufszentrum eröffnet.

Das Bemühen um Forschung und Bildung und deren Ansiedlung in Darmstadt spiegelt sich auch in den Ortsschildern wider. Seit dem 13. August 1997 darf sich Darmstadt Wissenschaftsstadt nennen.

Ausblicke:
Auf dem ehemaligen Schlachthofgelände an der Frankfurter Straße am Rand des Bürgerparks erhebt sich eine weitere touristenträchtige Attraktion neben jenen auf der Mathildenhöhe: Darmstadt leistet sich ein „Hundertwasserhaus". Während man in den vergangenen Jahrzehnten Straßenbahnlinien eher stillegte, soll eine neue Strecke nach Kranichstein zum Leben erweckt werden. Böse Zungen behaupten, in Darmstadts Innenstadt würden abends die Bürgersteige hochgeklappt und in das Bahnhofsviertel könne man sich dann nicht mehr trauen. Durch Umstrukturierung im letztgenannten Viertel, insbesondere durch den Neubau eines Großkinos, soll dem entgegengewirkt werden.

Darmstadt – Ansicht von Osten

Darmstadts Panorama, so wie es dem Besucher der Mathildenhöhe zu Füßen liegt. Auf der höchsten östlichen Erhebung stehend, kann man den Blick weit über die Stadt und über die Rheinebene schweifen lassen bis hin zu den blauen Anhöhen des Pfälzer Waldes. Auch wenn die Kirchtürme längst nicht mehr die einzigen Spitzen sind, die aus dem Häusermeer ragen, so behaupten sie sich noch leicht gegen die wenigen Hochhausbauten wie jenen der Fachhochschule, der sich hellgrau gegen den Horizont abhebt, und gegen die noch selteneren Schornsteine, die noch nie so recht Darmstadts Stadtbild beherrschten. So hat sich Darmstadt trotz Zerstörung seiner Altstadt im Zweiten Weltkrieg einen Hauch romantischen Flairs erhalten.

Darmstadt - view from the east
Panorama of Darmstadt - as it lies at the feet of the visitor on the Mathildenhöhe (Mathilde Heights).

Darmstadt - vue de l'est
Panorama de la ville de Darmstadt - telle qu'elle s'étend aux pieds du visiteur sur la Mathildenhöhe (la Butte à Mathilde).

Luisenplatz mit Ludewigsmonument und Kollegiengebäude

Obwohl der Autoverkehr an diesem Mittelpunkt der Stadt längst in den Untergrund verbannt ist, ist er doch der Verkehrsknotenpunkt der Stadt geblieben. Hier kreuzen sich nahezu alle Linien des öffentlichen Nahverkehrs. Bereits 1886 verliefen hier die Gleise der Dampfstraßenbahn, ab 1897 verkehrten die ersten elektrischen Straßenbahnen. Zum eigentlichen Zentrum gedieh der Luisenplatz, der übrigens nach Großherzogin Luise, der Gemahlin Ludewigs I., benannt wurde, schon durch die im 18. und 19. Jahrhundert vorgenommenen Erweiterungen des ehemaligen Stadtkerns nach Westen und durch die Errichtung des Ludewigsmonuments. Dieses wurde aus Anlaß der dem Volk verliehenen Verfassung 1844 auf dem Luisenplatz aufgestellt. Das Kollegiengebäude, das den Luisenplatz nach Norden begrenzt, wurde 1780 fertiggestellt und diente seinerzeit als Sitz der Ministerien. Es gehört zu den wenigen Gebäuden, die nach dem Krieg nahezu originalgetreu wieder aufgebaut wurden. Heute residiert hier das Regierungspräsidium.

Luisenplatz with Ludewigsmonument and the collegiate building

Although automobile traffic has long been banished underground in this focal point of the city, it has nevertheless remained a main traffic junction of the town.

Luisenplatz avec le monument de Ludewig et le bâtiment du Collège.

Bien que la circulation automobile soit bannie depuis longtemps au sous-sol de ce lieu central de la Cité, celui-ci est resté néanmoins un point de jonction principal de la circulation de la ville.

Obere Rheinstraße

Als sogenannte „obere" Rheinstraße wird jener Teil der Rheinstraße bezeichnet, der das Schloß mit dem Luisenplatz verbindet und durch letzteren von dem restlichen Teil der Rheinstraße Richtung Westen getrennt wird. Aus diesem Grund erwog man bereits, diesem Straßenabschnitt einen eigenen Namen zu verleihen. Zu den angedachten Favoriten gehörte auch „Schloßallee", um der kleinen Flaniermeile eine ansprechende Adresse angedeihen zu lassen. Aber auch ohne klangvollen Namen läßt es sich hier gut bummeln und verweilen.

Obere Rheinstraße

The „obere" (i.e. „upper") Rheinstraße is the part of the Rheinstraße connecting the castle with Luisenplatz, which separates it from the rest of the Rheinstraße.

Obere Rheinstrasse

La Rheinstrasse supérieure fait partie de la Rheinstrasse qui fait le lien entre le château et la Luisenplatz et qui la sépare de la Rheinstrasse restante.

Justus-Liebig-Denkmal
Ebenfalls auf dem Luisenplatz befindet sich das Justus-Liebig-Denkmal, dessen lauschiger Standort in der nordöstlichen Ecke des Platzes nicht ohne weiteres auffällt. Es wurde 1913 von Heinrich Jobst geschaffen und an dieser Stelle zu Ehren des großen Chemikers und Erfinders aufgestellt. Die weibliche Statue soll die Idealfigur der Wissenschaft symbolisieren. Auffallend ist die kleine weibliche Figur auf der Kugel mit ihren acht Brüsten, die schon vielfach Anlaß zu den verschiedensten Spekulationen gab.

Justus-Liebig-Monument
Also on Luisenplatz – the Justus-Liebig-Monument, tucked away in the north-east corner of the square.

Monument Justus Liebig
Egalement sur la Luisenplatz – le monument Justus Liebig, relégué dans le coin nord-est de la place.

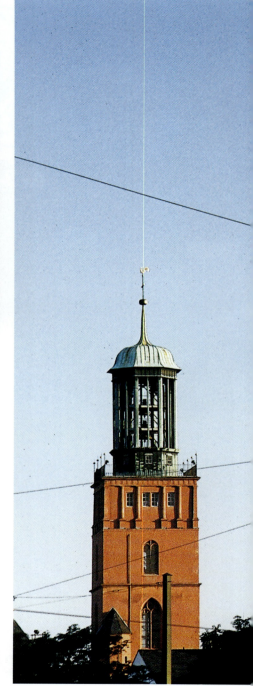

Kleines Bild oben: Reiterdenkmal auf dem Friedensplatz

Das Reiterdenkmal zeigt Großherzog Ludwig IV. als Kommandeur der hessischen Division im Krieg gegen Frankreich 1870/71. Zu dieser Zeit nannte man den Ort des Denkmals auch noch Paradeplatz. Nach den Erfahrungen des Zweiten Weltkrieges jedoch hat man ihm zur Ermahnung an die Erhaltung des Friedens unter den Völkern im Jahre 1958 seinen heutigen Namen verliehen. Im Hintergrund sieht man die Spitze des Turmes des Hessischen Landesmuseums.

Small photo above: Equestrian statue on Friedensplatz
The equestrian statue shows Grand duke Ludwig IV as commander of the Hessian division in the Franco-Prussian War 1870/71.

Petite photo ci-dessus: statue équestre sur la Friedensplatz
La statue équestre représente le Grand Duc Ludwig IV en tant que commandant de la division de la Hesse dans la Guerre Franco-Prussienne 1870/71

Großes Bild rechts: Schloß mit Glockenturm und Turm der Stadtkirche

Nähert man sich von Osten auf der Landgraf-Georg-Straße der Stadtmitte, so kann man gut erkennen, daß das Schloß nicht „aus einem Guß" erbaut wurde, sondern von den Stilen der verschiedenen Epochen und Baumeister geprägt ist.

Large photo right: Castle with bell-tower and the tower of the town church
Coming from the east along Landgraf-Georg-Straße towards the town centre, the visitor can easily see that the castle was not built as an integrated whole, but that it is characterised by the styles of various epochs and master builders.

Grande photo de droite: Château avec campanile et la tour de l'église urbaine.
Lorsqu'il s'approche en venant de l'est par la Landgraf-Georg-Strasse vers la ville, le visiteur peut facilement constater que le château ne fut pas construit sous forme d'un ensemble intégral, mais qu'il est plutôt caractérisé par les styles de différentes époques et divers maîtres-constructeurs.

Detail aus der Südfassade des Schlosses

Der Marktpavillon trägt auf seinem Hauptgesims vier barocke Bauplastiken des Bildhauers Johann Wendel Eckard, die „Fides" (Treue), „Caritas" (Liebe), „Justitia" (Gerechtigkeit) und „Abundantia" (Überfluß) darstellen. Über dem Wappen aus dem Jahr 1715 auf dem Mittelrisalit befindet sich eine Inschrift, deren Großbuchstaben zugleich lateinische Ziffern sind (Chronogramm). Ihre Addition ergibt das Jahr des großen Schloßbrandes 1715. Die Inschrift lautet auf deutsch: „Von Ernst Ludwig, Landgraf von Hessen, wurde gegenwärtige Burg an der Stelle einer anderen, die des Feuergottes Wut hinweggerissen, errichtet."

Detail from the south façade of the castle
The market pavilion has four sculptures on its main cornice done by the sculptor Johann Wendel Eckard.

Détail de la façade sud du château
La pavillon du marché comporte quatre sculptures exécutées par le sculpteur Johann sur sa corniche principale.

Glockenturm

1664 wurde der Glockenbau mit Glockenturm von Johann Wilhelm Pfannmüller an der Stelle des alten Zeughauses errichtet. Es handelt sich um einen vier-geschossigen Bau, in dessen Mitte sich auf der Westseite der quadratische Glockenturm erhebt und in einer offenen Glockenstube mit verschieferter Turmzwiebel endet. Das Glockenspiel umfaßt 28 Glocken und wurde in Holland hergestellt. Die Wappen über dem Eingang des Glockenbaus stammen aus dem Jahr 1664. Es sind die Wappen des Landgrafen Ludwig VI. und seiner ersten Frau, Maria Elisabeth zu Holstein-Gottorp.

Belfry
Built in 1664 by Johann Wilhelm Pfannmüller on the site of the old armoury.

Campanile
Construit par Johann Wilhelm Pfannmüller sur la place de l'ancienne usine d'armes.

Brückenbau

Erbauer des „Brückenhäuschens" über der nördlichen Durchfahrt ist der Architekt und Oberbaumeister Jakob Müller. Es entstand 1630. Neben dem Wappen Georgs II. befindet sich das seiner Frau Sophie Eleonore, „Herzogin aus Churfürstlichem Stamm zu Sachsen, zu Jülich, Cleve und Bergk". Dieses hat außer dem sächsischen Stammwappen (Rautenkranz) zahlreiche Einzelwappen, darunter die von Cleve mit acht Lilienstäben, Jülich und Berg mit je einem Löwen.

Bridge

The builder of the little „bridge house" above the northern entrance was Jakob Müller, architect and senior master builder.

Pont

Le constructeur de la petite „maison du pont" au-dessus de l'entrée nord fut Jakob Müller, architecte et maître-constructeur en chef.

Herrenbau mit Teepavillon

Auf der Nordwestbastion des Schloßwalls stehen der Herrenbau mit seinem barocken Giebel und ein gläserner Pavillon aus dem 19. Jahrhundert mit scheinbar barocker Zwiebel.

Manor with tea pavilion

On the north-west bastion of the castle wall stand the manor with its Baroque gable and a glass pavilion from the 19th century with a fake Baroque onion tower.

Manoir avec pavillon à thé

Sur le bastion nord-ouest du mur du château se trouve le manoir avec son pignon de style baroque ainsi qu'un pavillon en verre du 19e siècle avec une tour à bulbe en faux baroque.

Bild links: Altes Rathaus mit Marktplatz und Brunnen

Das alte Rathaus dient auch heute noch der Stadtverwaltung: Es beherbergt das Standesamt und bietet den Trauwilligen einen romantischen Rahmen. 1944 wurde es bei dem großen Bombenangriff erheblich beschädigt, doch im Renaissancestil als Erinnerung an die völlig zerstörte Altstadt wieder aufgebaut. Der Marktplatz entstand um die Mitte des 14. Jahrhunderts, nachdem am 23. Juli 1330 Darmstadt die Stadtrechte und somit das Recht auf einen Wochenmarkt und auf einen Jahrmarkt verliehen bekam.

Old Town Hall with market square and fountain

The old Town Hall still houses the municipal administration offices, including the Marriage Registry Office, offering a romantic setting to would-be newly weds.

La vieille mairie de la ville avec la Place du Marché et une fontaine

La vieille mairie héberge encore de nos jours les bureaux de l'administration municipale, y compris l'état-civil, qui propose un cadre romanesque aux nouveaux mariés à venir.

Bild oben: Darmstädter Heiner

Der „Heiner", wie sich die Darmstädter heute noch selbst nennen, steht vor dem einzigen Haus der Altstadt, das jene Bombennacht, die das alte Darmstadt in Schutt und Asche legte, unbeschadet überstand. Der „Heiner" erinnert als Symbol an die Bewohner der untergegangenen Altstadt.

Top picture: Darmstadt's „Heiner"

„Heiner", a nickname Darmstadt townsfolk still use for themselves, stands in front of the only house in the historic town centre to survive unscathed the bombing on the night when Darmstadt was reduced to rubble. „Heiner" stands as a symbol of the residents of the ruined old town centre.

Photo du haut: Le „Heiner" de Darmstadt

„Heiner", un sobriquet que les citoyens de Darmstadt utilisent encore pour se désigner eux-mêmes, se trouve en face de la seule maison au centre historique qui a survécu sans dommages à la nuit de bombardement au cours de laquelle Darmstadt fut réduite en ruines. Il sert de symbole des habitants d'antan de l'ancien centre-ville détruit.

Pädagog

Dem testamentarischen Vermächtnis Landgraf Ludwigs V. hat Darmstadt die Errichtung eines Pädagogiums zu verdanken. Sein Sohn Georg II. sorgte 1629 für die Umsetzung und schuf eine „feine Trivialschul", die es auch Darmstädter Schülern und solchen aus der Obergrafschaft ermöglichen sollte, die Gießener Universität zu besuchen. Auch das Pädagog, seit 1935 als Museum genutzt, ging aus den Angriffen des Zweiten Weltkrieges als Ruine hervor, wurde aber dank einer Bürgerinitiative wieder aufgebaut und wird heute sogar wieder für schulische Zwecke genutzt. Das Wappen über dem Eingang zum Pädagogkeller stammt aus der Zeit um 1630.

Bild Seite 23: Stadtmauer mit Hinkelsturm

Der hier erhaltene Teil der Stadtmauer gehört zu den ältesten Zeugnissen der ehemaligen Stadtbefestigung, die nach der Verleihung der Stadtrechte im Jahr 1330 und dem damit einhergehenden Recht, eine Befestigung anzulegen, entstand. Dazu gehörten viereckige Türme wie der Hinkelsturm. Er beherbergt heute unter seiner glasbedeckten Aussichtsplattform ein Modell dessen, was man vom Hinkelsturm aus gesehen hätte, wenn die Altstadt erhalten geblieben wäre.

The College

The College, used as a museum since 1935, was reduced to ruins by the bombing attacks in the Second World War, but thanks to a petition by the citizens was rebuilt and is now even used once again for educational purposes.

Photo page 23: City wall with Hinkelsturm (tower)

This surviving part of the city wall is one of the oldest remains of the old town fortifications, which were built after the town ordinances and privileges were granted in the year 1330, which included the right to construct fortifications. Among them were square towers like the Hinkelsturm.

Le Collège

Le Collège, servant de musée depuis 1935, fut réduit en cendres au cours des bombardements pendant la Seconde Guerre Mondiale, toutefois, grâce à une pétition signée par les citoyens, il fut reconstruit et sert à nouveau aux fins d'éducation.

Page 23: Mur de la ville avec la Hinkelsturm (tour)

Cette partie restante du mûr d'enceinte de la ville compte parmi les vestiges les plus vieux des anciennes fortifications de la ville, construits lorsque les droits et privilèges de ville lui furent octroyés en 1330, qui comprirent le droit d'élever des fortifications. Parmi eux comptaient des tours carrées telles que la Hinkelsturm.

Ehemalige Heag-Hallen

In unmittelbarer Nachbarschaft des Verkehrsknotenpunktes des öffentlichen Nah-verkehrs gibt es einen weiteren, der ausschließlich den Fußgängern, Flanierenden, kulinarischen Genießern sowie Kon-sumfreudigen vorbehalten ist. Abgeschirmt durch die Bebauung der Luisenstraße, des Carrees und des Kaufhofs liegen die Markthallen und das Kulturzentrum der „Centralstation". 1888 wurde an dieser Stelle die „Centralstation für elektrische Beleuchtung" errichtet, deren Erweiterung in den beiden Heag-Hallen, die um 1904 und 1905 entstanden, erhalten ist. Sie dienten ursprünglich als Kesselhaus und Maschinenhalle des städtischen Elektrizitätswerkes.

Former Heag halls
Shielded by the construction going on in Luisenstraße, the Carree, and the Kaufhof, lie the market halls and the cultural centre, the „Centralstation".

Les anciennes halles-Heag
Abrités par la construction donnant sur la Luisenstrasse, le „Carrée" et les grands magasins du Kaufhof se trouvent les halles du marché et le centre culturel, la „Centralstation".

Hessisches Landesmuseum mit „Haus der Geschichte"

Das zunächst als „Großherzogliches Museum" erbaute Landesmuseum, dessen Turm links des Säulenportals zu sehen ist, war dazu bestimmt, die bislang im Schloß untergebrachten großherzoglichen Sammlungen aufzunehmen. Zu diesem Zweck war unter dem Vater des Großherzogs Ernst Ludwig ein Architekturwettbewerb ausgeschrieben worden, der bereits baureife Entwürfe hervorgebracht hatte. Doch eine der ersten Amtshandlungen des jungen Ernst Ludwig war die Ablehnung jener Entwürfe. In Alfred Messel fand er den Architekten, der seine Ideen zu einem eher von den Inhalten her bestimmten Museums-Zweckbau verwirklichte, der 1906 seiner Bestimmung übergeben werden konnte. So ist die Fassade schlicht, die Innenarchitektur, wie hier am Beispiel des Treppenhauses zu sehen, um so eindrucksvoller gestaltet. Ein ursprünglich für die Kunstsammlung Ströher bestimmter Neubau für die Kunst des 20. Jahrhunderts wurde 1984 eingeweiht.

Hessian Regional Museum with the „House of History"

Alfred Messel was the architect to whom the building of the museum was entrusted in the year 1906.

Musée régional de la Hesse avec la „Maison de l'Histoire"

Ce fut Alfred Messel l'architecte auquel la construction du musée fut confiée en 1906.

Haus der Geschichte

Das heutige „Haus der Geschichte" beherbergt eine Reihe von Archiven und Institutionen, die im engeren Sinn mit der Erforschung der Geschichte zu tun haben. Erbaut wurde es als Großherzogliches Hoftheater von Georg Moller im charakteristisch klassizistischen Stil. Erste Veränderungen erfuhr es nach dem Brand 1871, weitere durch die Modernisierungspläne des Großherzogs Ernst Ludwig. Nach der Zerstörung durch den Zweiten Weltkrieg stand die Ruine – bis auf ein kleines Theater – weitgehend ungenutzt, bis sie Mitte der 80er Jahre hinter der historischen Fassade zu einem neuen funktionsgerechten Archivbau umgestaltet wurde und somit nun wieder einer breiten Öffentlichkeit zugänglich ist.

House of History

The present „House of History" accomodates a series of archives and institutions that are closely connected with historical research.

La „maison de L'histoire"

L'actuelle „maison de L'histoire" héberge une série d'archives et d'institutions liées au sens étroit à la recherche historique.

Weißer Turm

Der „weiße Turm" bietet sich heute als markanter Treffpunkt in der Innenstadt an. Kaum zu glauben, daß er einst als Wehrturm der Stadtbefestigung diente. Er stammt aus dem 15. Jahrhundert und bildete den westlichsten Eckpunkt der damaligen Stadtmauer. Allerdings erfuhr er im Lauf der Jahrhunderte mehrere, auch bauliche Veränderungen. So wurde er ab 1704 als Glockenturm genutzt, kurz darauf aufgestockt und mit einem barocken Turmhelm versehen. Auch nach dem Wiederaufbau 1954 wurde er um ein weiteres Stockwerk erhöht. Heute dient er als Museum, in dem von Zeit zu Zeit Ausstellungen zu besichtigen sind. Als Wehrturm blieb ansonsten nur der Hinkelsturm erhalten, an einen weiteren erinnert die „Rundeturmstraße".

White Tower

Today the „white tower" is a distinctive meeting point in the downtown area. It is from the 15th century and constituted the most westerly corner of the city wall at that time. Today it serves as a museum, in which from time to time exhibitions may be viewed.

La „Tour blanche"

La „Tour blanche" se distingue actuellement en tant que „point de rencontre" marquant du centre-ville. Elle date du 15e siècle et constitue le coin est de l'ancien mur de fortification de la ville. A présent il sert de musée où des expositions sont organisées de temps à autre.

Löwenbrunnen

Der Brunnen von Franz Heger, der einst auf dem Luisenplatz stand, steht seit 1840 auf dem Mathildenplatz, um dem 1844 eingeweihten Ludewigsmonument Platz zu machen. Der Mathildenplatz ist übrigens ebenso wie die Mathildenhöhe nach der Prinzessin Mathilde von Bayern benannt, der Gemahlin Ludwigs III. Im Süden wird er, wie oben im Hintergrund zu sehen, durch die von Moller stammende Neue Kanzlei, im Norden durch das 1874 erbaute Landgericht begrenzt. Nicht um ein Stolpern zu verhindern, sondern um des Mosaikpflasters willen, sollte man den Blick auch auf die Wege lenken.

Löwenbrunnen (Lion Fountain)
The fountain by Franz Heger, which used to stand on Luisenplatz, was relocated in 1840 to Mathildenplatz to make room for the Ludewigsmonument, unveiled in 1844.

Löwenbrunnen (fontaine aux lions)
La fontaine réalisée par Franz Heger, qui se trouvait au départ sur la Luisenplatz fut déplacée en 1840 à la Mathildenplatz afin de céder la place au monument de Ludewig qui fut dévoilé en 1844.

Prinz-Georg-Garten

Die barocke Anlage des ehemaligen Pretlackschen Gartens betritt man vom Herrngarten aus durch ein Tor, das erst 1950 an diese Stelle versetzt wurde. Einst zierte es den Eingang des 1750 entstandenen Waisenhauses, dessen Gebäude bereits vor seiner Zerstörung 1944 als Ludwig-Georgs-Gymnasium genutzt und nach dem Krieg an dieser Stelle mit einem Neubau wiedererrichtet wurde.

Prince George Garden

Top picture: The Baroque park in the former Pretlack garden is entered through a gateway that was first installed here in 1950. It once adorned the entrance to the orphanage (built in 1750).

Le jardin de Prince Georges

Photo du haut: l'on entre dans le parc baroque dans l'ancien Pretlackgarten par un porche qui y fut installé pour la première fois en 1950. Autrefois il décorait l'entrée de l'orphelinat (construit en 1750).

Das Palais samt Garten, das Prinz Georg von seinem Vater als Geschenk erhielt, wurde vor 1711 von dem Generalleutnant von Pretlack errichtet und 1719 von Erbprinz Ludwig VIII. gekauft. Der sich ebenfalls in dem Garten befindende langgestreckte Bau entlang der Schloßgartenstraße ist heute noch als „Pretlacksches Gartenhaus" im Sprachgebrauch. Bemerkenswert ist, daß sich die Ende des 18. Jahrhunderts entstandene Anlage bis heute nur unwesentlich verändert hat. Teile der ursprünglichen Ausstattung wie Sonnenuhr, Pavillon und eine der ehemals zwei halbrunden Steinbänke sind noch erhalten. Nur der dem Pavillon gegenüberliegende Tempel wurde durch eine Voliere ersetzt.

The palace and garden, received by Prince George as a present from his father, was constructed prior to 1711 by Lieutenant-General von Pretlack and purchased in 1719 by Crown Prince Ludwig VIII.

Le palais et le jardin que le Prince Georges reçut de la part de son père en guise de cadeau fut construit avant 1711 par le Lieutenant-Général von Pretlack et acquis en 1719 par le prince héritier Ludwig VIII.

Prinz-Georg-Palais

Auch das Palais ist nach dem Sohn Ludwigs VIII. benannt. Es wurde um 1710 als Gartenhaus, vermutlich durch den Architekten Louis Remy de la Fosse, erbaut und ab 1764 von Prinz Georg bewohnt. Bevor 1907 die großherzogliche Porzellansammlung einzog, beherbergte es, seit 1840 in staatlichem Besitz, zunächst die Gartenbaudirektion, seit 1882 die Geologische Landesanstalt und ab 1899 Ateliers der Künstlerkolonie, bevor diese nach Fertigstellung des Ernst-Ludwig-Hauses auf die Mathildenhöhe umzog.

Prince George Palace
The palace is also named after the son of Ludwig III. It was built as a summer house, probably by architect Louis Remy de la Fosse, and lived in by prince George from 1764 on.

Le palais du Prince Georges
Le palais du Prince Georges est également nommé d'après le fils de Ludwig III. Il fut érigé pour servir de résidence estivale, probablement par l'architecte Louis Remy de la Fosse, et occupé par le Prince Georges à partir de 1764.

Das Portal zum Prinz-Georg-Garten wurde von Steinmetz David Schiefer 1681 für den südlichen Eingang des Herrngartens erbaut. 1819 wurde es an diese Stelle versetzt. Der Giebelaufsatz zeigt das Ehewappen Ludwig VI. (Löwe) und seiner Frau Dorothea, geb. Herzogin von Gotha (Rautenkranz). Das Eisentor stammt aus der Zeit um 1870.

The portal to the Prince George Garden was built by stonemason David Schiefer in 1681 for the south entrance to the manor garden.

Le portail du jardin du Prince Georges fut créé par le tailleur de pierres David Schiefer en 1681 pour servir d'entrée sud au jardin du manoir.

Herrngarten

Der Herrngarten ist heute die „grüne Lunge" Darmstadts und verleiht der Stadt ein besonderes Flair. Welche Stadt hat schon solch einen Park in der Innenstadt? Gleichzeitig ist er nicht nur der größte, sondern auch der älteste Garten der Stadt, entstanden aus dem eigentlichen Schloßgarten, der im Lauf der Zeit mehrere Erweiterungen erfuhr. Im 18. Jahrhundert unter Landgräfin Karoline wurden die ersten Voraussetzungen geschaffen, die barocke Anlage in einen englischen Garten zu verwandeln. Anfang des 19. Jahrhunderts wurde ein neuer Teich angelegt. Seit 1892 mußte der Garten mehrmals Gelände für Bauten der Technischen Hochschule abtreten.

Manor garden

The manor garden is now Darmstadt's „green lung" and imparts a certain ambience to the city.

Jardin du manoir

Le jardin du manoir est à présent le „poumon vert" de Darmstadt; il confère une ambiance spéciale à la Cité.

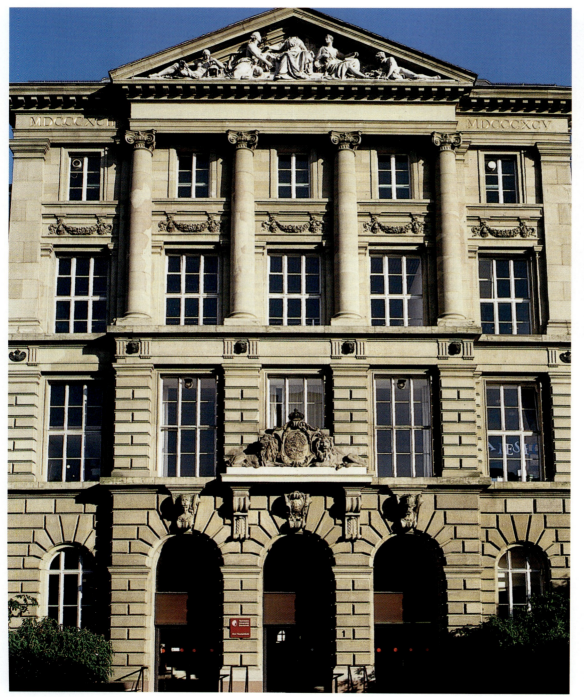

Hauptgebäude der Technischen Hochschule

Am 1. März 1893 begann mit dem ersten Spatenstich der Neubau der Technischen Hochschule am östlichen Rand des Herrngartens auf dem ehemaligen Gelände der großherzoglichen Meierei, die an den östlichen Stadtrand in die Erbacher Straße umgezogen war. Architekt war Professor Heinrich Wagner, der das Gebäude streng symmetrisch mit zwei Flügeln plante. In der Mitte liegt das repräsentative Eingangsportal mit Tympanon. Die vier Figuren symbolisieren die wissenschaftlichen Bereiche, die zu jener Zeit an der Hochschule gelehrt wurden: In der Mitte Minerva auf dem Thron, einen Lorbeer haltend, rechts eine edle Frau mit einem Tunnelmodell als Stellvertreterin der Ingenieurkunst, ein über einen Globus gebeugter Mann mit Meßinstrumenten steht für die Geometrie. Links stützt sich eine Frauengestalt auf ein Seitenkapitell als Symbol für die Baukunst, der junge Mann am Amboß steht für die Mechanik. Zwischen den Fenstern sind Portraits mit Namen aus Wissenschaft und Forschung angebracht, unter denen auch Georg Moller nicht fehlen darf.

Kraftwerk der Technischen Hochschule

Georg Wickop, Architekt und Hochschulprofessor, plante 1904 das Maschinenhaus in der Magdalenenstraße. Es ist eher dem historisierenden als dem zu dieser Zeit auf der Mathildenhöhe verwirklichten Jugendstil zuzuschreiben. Wickop griff mit dem geschwungenen Giebel Formen der bereits vorhandenen Bürgerhäuser aus der Renaissance auf, die aus der ersten Bauphase der alten Vorstadt aus der Zeit um 1600 stammen.

Left picture: Main building of the Technical College
On 1st March 1893 the first turf was dug for the building of the Technical College on the east fringe of the manor garden on the spot where the Grand Duke's feudal estate used to stand.

The Technical College power station
In 1904, Georg Wickop, architect and college professor, planned the machine house in Magdalenenstraße. It is built more in the historicizing style than in the Jugendstil used at that period on the Mathildenhöhe (Mathilde Heights).

Bâtiment principal du Collège technique
Le 1er mars 1893, la première tranche de gazon fut retournée pour la construction du bâtiment du Collège technique en bordure est du jardin du manoir, à l'endroit où la propriété féodale du Grand Duc s'élevait d'antan.

La centrale électrique du Collège technique
En 1904 l'architecte et professeur de collège Georg Wickop conçut la centrale dans la Magdalenenstrasse. Elle est bâtie plutôt en style „historisant" qu'en style 1900 qui prédominait à cette période sur la Mathildenhöhe (la Butte à Mathilde).

Achteckiges Haus

In der Mauerstraße, die 1831 so benannt wurde, weil sie vor der Stadtmauer um die Alte Vorstadt herumführte, liegt ein besonderes Kleinod, dessen Erbauung für die Zeit um 1627 angenommen wird. Eingeschlossen von vier-geschossigen Mietshäusern, die um die Jahrhundertwende im historisierenden Stil entstanden sind, steht ein massives, achteckiges Gartenhaus, das auf einen quadratischen Sockel gesetzt wurde. Man nimmt sogar an, daß der Keller aus noch früherer Zeit stammt und zu einem ehemals quadratischen Haus gehörte. Lange Zeit lag es durch ein Vorderhaus versteckt, bis Sanierungsarbeiten in den 70er Jahren dessen Abriß zur Folge hatten und das Gartenhaus sich nach umfangreichen Renovierungen zu einem wohlanzusehenden Schmuckstück mauserte.

Octagonal house
In Mauerstraße (Wall Street) stands an exceptional gem, probably built in the period around 1627. Surrounded by 4-storey apartment blocks, built in the historicizing style around the turn of the last century, stands an massive, octagonal summer house.

Maison octogonale
Dans la Mauerstrasse (rue du mur) se trouve un joyau exceptionnel, probablement construit aux alentours de 1627. Entourée de résidences à 4 étages et construite en style historisant aux alentours du dernier changement de siècle, se trouve une maison estivale massive, octogonale.

Alexanderstraße

Die Alexanderstraße wurde im Rahmen der Erweiterung der Alten Vorstadt im ehemaligen fürstlichen Birngarten angelegt und hieß zunächst Birngartenstraße. Die Bebauung wurde 1678 begonnen. Die barocken Wohnhäuser sind mit reich geschmückten Volutengiebeln verziert, die für diese Zeit charakteristisch waren. Später wurde die Straße nach Zar Alexander II. von Rußland (1818-1881) benannt, der mit einer Tochter des Großherzogs Ludwig II., Prinzessin Marie von Hessen (1824-1880), verheiratet war.

Alexanderstraße

Alexanderstraße was built at the time the old suburb in the former princely pear orchard was being extended and was first called Birngartenstraße (Pear Orchard Street). Construction was begun in 1678. The Baroque dwellings are adorned with richly decorated scroll gables typical of the period.

Alexanderstrasse

L'Alexanderstrasse fut construite au moment où l'ancien faubourg dans le jardin poirier du Prince fut élargi et son premier nom fut la „Birnengartenstrasse" (la rue du jardin aux poiriers). La construction fut entreprise en 1678. Les habitations de style baroque sont équipées de pignons aux incrustations richement décorées, typiques de la période.

Hallenbad
1909 wurde das von August Buxbaum entworfene Hallenbad am Mercksplatz auf dem Gelände der nach Arheilgen verlegten Chemiefabrik Merck in Betrieb genommen. Obwohl es auf den ersten Blick den Originalzustand vermuten läßt, verblieb nach dem Krieg nur noch die Hälfte des ursprünglichen Bades, zu dem eine Turmhaube, ein Damenbad, Arkaden mit Eckpavillons und ein Mansardendach gehörten. Die vor dem Schwimmbad aufgestellten Bronzekandelaber wurden übrigens von dem Besitzer des Karlshofs, Baron August Josef Ludwig von Oetinger, gestiftet.

Indoor swimming pool
The indoor swimming pool, designed by August Buxbaum, was opened in 1909 on Mercksplatz, the site of the Merck chemical factory, which was transferred to Arheilgen.

Piscine couverte
La piscine couverte, dessinée par August Buxbaum, fut ouverte en 1909 sur la Mercksplatz, site de l'usine chimique Merck, qui fut déplacée à Arhelgen.

Großer Woog

Zugegeben, Städte, die am Lauf eines Flusses liegen, haben schon ihren besonderen Reiz... Doch auch Darmstadt liegt an einem Gewässer, an dessen romantischen Ufern sich vortrefflich im Schatten großer Bäume wandeln läßt und in dessen Wogen man des Sommers sogar eintauchen kann. Es ist der „große Woog", der bereits um 1570 als Fisch- und Feuerlöschteich angelegt wurde. Als Badesee wurde er offiziell erst seit 1830 genutzt, eine Badeanstalt mit „Damenbad" entstand um 1900 im Jugendstil. Im Original erhalten sind jedoch nur die Anlagen aus den 30er Jahren dieses Jahrhunderts wie die betonierten Wettkampfbahnen und der Sprungturm. 1992/93 ließ die Stadt Darmstadt das Damenbad nach den Plänen August Buxbaums aus den 20er Jahren als Familienbad wieder aufbauen.

Großer Woog

Darmstadt lies on a small lake, whose romantic banks invite the townsfolk to relax in the summer and even to take a dip in its waters. It is called „großer Woog".

Grosser Woog

Darmstadt est située auprès d'un petit lac donc les rives romanesques invitent les habitants de la ville à la détente l'été et même à plonger dans ses eaux. Il s'appelle „grosser Woog".

Mathildenhöhe

Die alten Weinberge auf der Ostseite der Stadt wurden schon um 1800 in einen öffentlich zugänglichen Park verwandelt. 1833 wurde er zum Hochzeitsgeschenk für den späteren Großherzog Ludwig III. und seine Frau Mathilde, die später auch zu seiner Namensgeberin wurde. Längst ist die Mathildenhöhe mit ihrer Bebauung, allem voran der Fünf-fingerturm, der ebenfalls als Hochzeitsgeschenk für einen Großherzog (Ernst Ludwig) entstand und deshalb geläufiger „Hochzeitsturm" genannt wird, zum Wahrzeichen der Stadt und ihrer Verwaltung geworden, ziert er doch die Briefbögen des Magistrats und der Ämter.

Russische Kapelle

Im Jahr 1897 legte Zar Nikolaus II., ein Schwager des Großherzogs Ernst Ludwig, den Grundstein zu der russisch-orthodoxen Kapelle St. Maria Magdalena. Architekt Benois, ausführende Künstler und die Erde, auf welcher die Kirche entstehen sollte, wurden eigens aus Rußland herbeigeholt. Die ausführenden Firmen stammten jedoch aus Darmstadt, der Majolikafries von Villeroy und Boch. Auch hier fand eine Hochzeit statt: Prinzessin Alice von Battenberg wurde in der Kapelle 1903 mit Prinz Andreas von Griechenland getraut.

Mathildenhöhe

The old vineyards on the east of the town were turned into a public park as early as 1800. In 1833 it was given as a wedding present to the later Grand Duke Ludwig III and his wife Mathilde, who later gave it her name.

Russian Chapel

In the year 1897, Czar Nicholas II, a brother-in-law of Grand Duke Ernst Ludwig, laid the foundation stone for the Russian Orthodox Chapel of St. Maria Magdalena.

Mathildenhöhe

Les vieux vignobles à l'est de la ville ont été transformés en un parc public en 1800 déjà. En 1833 il fut offert en guise de cadeau de noces au futur Grand Duc Ludwig III et à son épouse Mathilde, qui lui donna son nom ultérieurement.

La chapelle Russe

En 1897, le Tsar Nicholas II, beau-frère du Grand Duc Ernst Ludwig, posa les fondations de la chapelle Russe-orthodoxe de Ste. Maria Magdalena.

Hochzeitsturm

Die Ausstellungshallen mit dem Hochzeitsturm, die heute noch den Eindruck der Mathildenhöhe dominieren, entstanden anläßlich der hessischen Landesausstellung 1908. Zu dieser Zeit galt der Jugendstil schon beinahe als überwunden. Die seitdem entstandenen Bauten wirken sehr schlicht und modern und könnten leicht den 20er Jahren zugeordnet werden. Auch der Hochzeitsturm, den die Stadt Darmstadt Großherzog Ernst Ludwig zur Hochzeit mit Prinzessin Eleonore von Solm-Lich 1905 stiftete und der nach mehreren Entwürfen Olbrichs auf den Wunsch des Großherzogs als eine in Klinker gemauerte „Schwurhand" verwirklicht wurde, zeigt bereits expressionistische Details.

Wedding Tower

The exhibition halls with the Wedding Tower, still dominating the Mathildenhöhe, were built for the Hessian regional exhibition in 1908.

La Tour nuptiale

Les halls d'exposition avec la Tour nuptiale qui dominent encore la Mathildenhöhe furent construits pour l'exposition régionale de la Hesse en 1908.

Schwanentempel

Südöstlich hinter der Russischen Kapelle befindet sich der Schwanentempel, der von Albin Müller 1914 entworfen wurde. Zu seinen Besonderheiten gehören die Reliefs im oberen Bereich der Säulen: elegante weiße Schwäne, deren Schnäbel als Regenwasserspeier ausgebildet sind. Seine ganze Pracht erschließt sich dem Betrachter erst beim Betreten des Tempels, dessen Kuppel auch von innen sehr dekorativ ausgemalt ist.

Swan Temple

In the south-east, behind the Russian Chapel, stands the Swan Temple, designed by Albin Müller in 1914. One of its special features is the reliefs in the top section of the pillars.

Le Temple des cygnes

Le temple des cygnes derrière la chapelle russe fut dessiné par Albin Müller en 1914. Parmi ses traits caractéristiques comptent les reliefs sur la partie supérieure des piliers.

Ernst-Ludwig-Haus
Das Atelier- und Ausstellungshaus entstand bereits 1901 für die erste Ausstellung auf der Mathildenhöhe und war zugleich Olbrichs erstes Bauwerk in Darmstadt. Während es von der Nordseite, von der man heute das darin beherbergte Jugendstilmuseum der Künstlerkolonie betritt, ebenfalls eher ein wenig streng und modern wirkt, erkennt man an dem auf der Südseite gelegenen ehemaligen Haupteingang leicht die für den Darmstädter Jugendstil typischen Elemente wie Omegabogen und stilisierte Rosenblüten.

Platanenhain
1914 wurden hier die Skulpturen des Bildhauers Bernhard Hoetger aufgestellt. Zu ihnen gehört das Relief „Schlaf" und die Gruppe der „Krugträgerinnen".

Ernst Ludwig building
The atelier/exhibition building was built for the first exhibition on Mathilde Heights and was Darmstadt's first building designed by Olbrich.

Platanenhain (Plane tree grove)
The sculptures by sculptor Bernhard Hoetger were set up here in 1914, among them the relief „Sleep" and the group „Pitcher bearers".

Bâtiment Ernst Ludwig
Ce bâtiment renfermant l'atelier / les expositions fut construit pour la première exposition sur la Butte à Mathilde, et ce fut aussi le premier bâtiment de Darmstadt conçu par Olbrich.

Platanenhain (bosquet aux platanes)
Les sculptures réalisées par le sculpteur Bernhard Hoetger furent installées ici en 1914, parmi elles le relief „sommeil" et le groupe „porteurs de cruches".

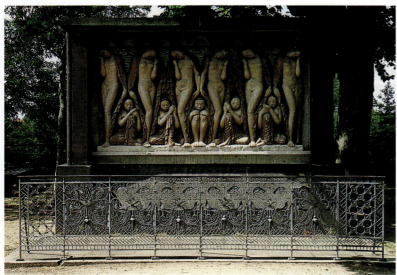

Olbrich-Haus

Joseph Maria Olbrich war nicht nur der Architekt des Hochzeitsturmes und der Ausstellungshallen. Sein eigenes Wohnhaus plante er 1901 im Alexandraweg 28, ganz in der Nähe des Ernst-Ludwig-Hauses. Außer den blauweißen Fliesen erinnert nur noch wenig an das Jugendstilhaus, das nach dem Krieg stark vereinfacht wieder aufgebaut wurde. Trotzdem gilt es heute noch als Denkmal, da es zu den ersten Jugendstilbauten auf der Mathildenhöhe gehört. Olbrich entwarf auch das Haus von Ludwig Habich, das kleine und das große Glückerthaus sowie das Haus Deiters, die heute noch an die Pracht der Jahrhundertwende erinnnern.

Olbrich building

Joseph Maria Olbrich was not only the architect of the Wedding Tower and the exhibition halls. He planned his own domicile at Alexandraweg 28 in 1901, close to the Ernst Ludwig building.

Bâtiment Olbrich

Joseph Maria Olbrich fut non seulement l'architecte de la Tour nuptiale et des halls d'exposition. Il planifia son propre domicile au numéro 28 de l'Alexandraweg en 1901, près du bâtiment Ernst Ludwig.

Park Rosenhöhe mit Löwentor

Den Park betritt man offiziell durch das Löwentor, das zwar als Eingangstor entworfen wurde, sich jedoch als Tor anläßlich der Ausstellung der Künstlerkolonie 1914 auf der Mathildenhöhe befand. Auch hier standen die Löwen bereits auf Säulen, allerdings auf jenen, die heute Bestandteil des Portals zum Hochschulstadion sind. Beide stammen von Albin Müller, der ebenso wie der Bildhauer der Löwen und Relieftüren, Bernhard Hoetger, Mitglied der Künstlerkolonie war.

Bild Mitte: Neues Mausoleum

Das Neue Mausoleum entstand um 1910 im neuromanischen Stil in Anlehnung an das Grabmal der Kaiserin Galla Placidia in Ravenna. Großherzog Ernst Ludwig ließ es als Grabstätte für seine Eltern Ludwig IV. und Alice sowie für seine Geschwister Marie und Friedrich Wilhelm errichten.

Rosenhöhe Park with the Lion Gate

The official entrance to the park is the Lion Gate, which was indeed designed for this purpose, but which was set up on Mathilde Heights on the occasion of the art colony's exhibition in 1914.

Small picture centre: New Mausoleum

The New Mausoleum was built in 1910 in the neo-Romanesque style in imitation of the monument to Empress Galla Placidia in Ravenna.

Parc Rosenhöhe avec le portail aux lions

L'entrée officielle au parc est le portail aux lions, qui tout en ayant été créé spécialement pour cet usage, fut placé sur la Butte à Mathilde à l'occasion de l'exposition de la colonie d'artistes en 1914.

Petite photo du centre: nouveau mausolée

Le nouveau mausolée fut érigé en 1910 en style néo-romantique en imitation du monument de l'impératrice Galla Placidia à Ravenne.

Rosarium

Erst in neuerer Zeit wurde der Rosendom wieder aufgebaut und der Garten neu angelegt. Vorbild war das Rosarium, das Großherzog Ernst Ludwig bereits um 1900 bauen ließ.

Rosarium

It was not until recently that the Rosendom was rebuilt and the garden newly laid out.

Roseraie

Ce ne fut que récemment que le Rosendom fut reconstruit et le jardin nouvellement aménagé.

Georg-Moller-Haus ("Loge") mit Georg-Büchner-Denkmal

"Grande Disco" wurde von Arnaldo Pomodoro entworfen und 1973 im Rahmen einer Pomodoro-Ausstellung in der von Rolf Prange gestalteten Georg-Büchner-Anlage vor dem neuen Staatstheater aufgestellt. Am 16.10.1973 erklärte der damalige Oberbürgermeister Sabais die Plastik aus Bronze zum Georg-Büchner-Denkmal. In ihr sollte, so Sabais, ein Abglanz der leuchtenden Humanität Georg Büchners zu finden sein.- Das Versammlungshaus, das 1817-18 für die Loge "Johannes der Evangelist zur Eintracht" gebaut wurde, stammt von Georg Moller. Im Original ist lediglich der Portikus mit den sechs ionischen Säulen erhalten, der Neubau wurde nach den Plänen der Architekten Rolf Romero und Lothar Willius wiederaufgebaut.

Georg Moller building ("Loge") with the Georg Büchner monument

"Grande Disco" was designed by Arnaldo Pomodoro and set up in front of the new state theatre in 1973 on the occasion of a Pomodoro exhibition in the Georg Büchner park, designed by Rolf Prange.

Bâtiment Georg Moller ("Loge") avec le monument Georg Büchner

"Grande Disco", créé par Arnaldo Pomodoro et érigé devant le nouveau théâtre national en 1973 à l'occasion d'une exposition Pomodoro dans l'enceinte du parc Georg Büchener, dessiné par Rolf Prange.

Hessisches Staatstheater

Erst 1972 bekam die Stadt Darmstadt wieder einen eigenen Theaterbau nach der Zerstörung des Mollerschen Hoftheaters. In der Zwischenzeit behalf man sich mit Theateraufführungen in der alten Stadthalle und in der provisorisch hergerichteten Orangerie. Erst als die Pläne für den Wiederaufbau des Hoftheaters 1961 endgültig verworfen waren, hat man sich zu einem Neubau an dieser Stelle entschließen können.

Hessian State Theatre

It was not until the plans for the reconstruction of the Court Theatre had finally been rejected in 1961 that the decision was made to erect a new building on this site.

Théâtre national de la Hesse

Seulement lorsque les plans pour la reconstruction du Théâtre de la Cour furent rejetés définitivement en 1961, la décision fut prise d'ériger un bâtiment neuf à cet endroit.

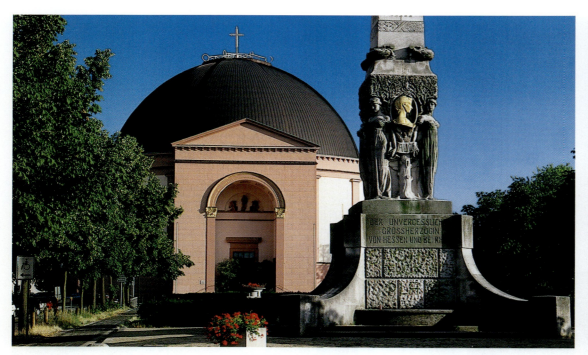
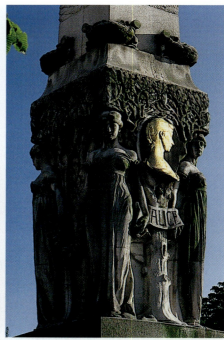

Bilder oben: St. Ludwig

Die Kirche mit der prägnanten Kuppel, von den Darmstädtern auch respektlos „Käsglock"' genannt, war die erste katholische Kirche seit der Reformation, die in Darmstadt auf Veranlassung des Großherzogs Ludewig I., dem auch das Monument auf dem Luisenplatz gewidmet ist, errichtet wurde. Entworfen wurde sie 1827 von dem Architekten Georg Moller, der sich das römische Pantheon zum Vorbild nahm. Der Obelisk am anderen Ende des Wilhelminenplatzes erinnert an die Großherzogin Alice und ehrt sie wegen ihres Engagements in der Krankenpflege und wegen ihres Frauenbildungsprogramms.

Top pictures: St. Ludwig

The church with the conspicuous dome was the first Roman Catholic church to be built in Darmstadt since the Reformation.

Photos du haut: St. Ludwig

L'église avec son dôme voyant fut la première église orthodoxe romaine construite à Darmstadt depuis la Réformation.

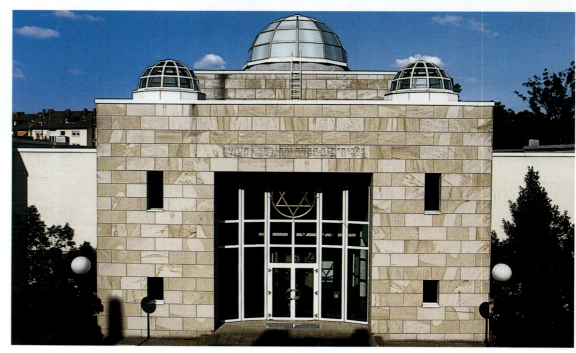

Bild linke Seite unten: Synagoge

In der „Reichskristallnacht" verloren die jüdischen Bewohner der Stadt alle drei Synagogen, die auch nach der NS-Herrschaft nicht mehr zu retten waren. 50 Jahre später, am 9. November 1988, bekamen sie eine wieder zurück: In der Wilhelm-Glässing-Straße, unweit der Kuppelkirche St. Ludwig, wurde die neue Synagoge mit einem Gedenk- und Festakt eingeweiht, zu dem auch ehemalige jüdische Bürger eingeladen wurden, die in den 30er Jahren aus Darmstadt geflüchtet waren. Die Glasfenster stammen übrigens von Brian Clark, einem britischen Künstler.

Bild oben: Pfauenhaus in der Moosbergstraße

In Bessungen, weitab von der Mathildenhöhe, dem eigentlichen Zentrum des Jugendstils, befindet sich die einzige vollständig erhaltene Jugendstilfassade an einem vier-geschossigen Wohnhaus aus dem Jahr 1905, das man leicht verfehlt, wenn man nicht ab und zu den Blick gen Himmel schweifen läßt.

Page 54, bottom picture: Synagogue

In the „Reichskristallnacht" (National Socialist burning of synagogues and desecration of Jewish graves in November 1938), the Jewish townspeople lost all three synagogues. Even after the NS regime was over, it was impossible to restore them. Fifty years later, on 9th November 1988, one was returned to them: The new synagogue was inaugurated in a solemn memorial ceremony in Wilhelm-Glässing-Straße, not far from the domed church of St. Ludwig. Also attending the ceremony were Jewish townspeople who had fled Darmstadt in the thirties.

Top picture: Pfauenhaus (Peacock house) in Moosbergstraße

In Bessungen, far away from Mathilde Heights, the real centre of Jugendstil, stands the only completely preserved Jugendstil façade on a four-storey house from the year 1905.

Page 54 photo du bas: Synagogue

Dans la „Reichtskristallnacht" (nuit de la destruction des synagogues et profanation des tombes juives en novembre 1938), les citoyens juifs perdirent leurs trois synagogues. Même après la fin du régime national-socialiste, il fut impossible de les reconstruire. Cinquante ans plus tard, le 9 novembre 1988, l'une d'entre elles leur fut rendue: la nouvelle synagogue fut inaugurée au cours d'une cérémonie solennelle commémorative dans la Wilhelm-Glässing-Strasse, non loin de l'église à dôme St. Ludwig. Des citoyens juifs qui avaient fui Darmstadt dans les années trente participèrent aussi à cette cérémonie.

Photo du haut: Pfauenhaus (la maison des paons) dans la Moosbergstrasse

A Bessungen, loin de la Butte à Mathilde, le véritable centre du style 1900, se trouve la seule façade en style 1900 conservée intégralement, sur une maison à quatre étages, datant de 1905.

Kleines Bild rechts oben: Prinz-Emil-Schlößchen

Ein Zeugnis aus dem Barock ist das Prinz-Emil-Schlößchen. Während des Zweiten Weltkrieges brannte es völlig aus und wurde nur äußerlich in seinem ursprünglichen Erscheinungsbild wiederhergestellt. Der es umgebende Garten war zunächst auch im spätbarocken Stil angelegt. Doch spätestens um 1900 war er gänzlich in einen Landschaftsgarten nach englischem Vorbild verwandelt. 1830 gelangten Schlößchen und Garten in den Besitz von Prinz Emil, einem Sohn Ludewigs I., und tragen seitdem seinen Namen. Der Pavillon stammt aus der Gründerzeit. Er wurde erst in den 80er Jahren aus einem Privatgarten an diese Stelle versetzt als Erinnerung an die im Laufe der Zeit verschwundene „Möblierung" des Parks.

Bild rechte Seite: Orangerie

Ein weiteres architektonisches Beispiel aus der Zeit des Barock ist im Orangeriegarten in Bessungen erhalten, der heute noch durch die verschiedenen Terrassen und die Wegführung die ursprüngliche barocke Planung deutlich werden läßt. Die Symmetrie läßt leicht erahnen, daß dem bestehenden Flügel ein zweiter zugesellt werden sollte. Er kam jedoch aus Geldmangel nicht zustande, da gerade vorher ein Brand einen Großteil des Schlosses in der Innenstadt vernichtet hatte.

Small picture at the top of the right-hand page: Prince Emil's château

Prince Emil's château is testimony of the Baroque period. During the Second World War it burned to the ground and only its exterior was restored to its original appearance.

Large picture right page: Orangerie

Another witness of the Baroque period is evident in the Orangerie garden in Bessungen, which in the various terraces and pathways still shows the original Baroque planning.

Petite photo en haut de la page de gauche: le Château du Prince Emil.

Le Château du Prince Emil porte témoignage de l'époque baroque. Au cours de la Seconde Guerre Mondiale, il brûla jusqu'aux fondations, et seul son extérieur fut restauré pour recouvrir l'apparance originale.

Grande photo page de droite: Orangerie

Un autre témoin de la période baroque se découvre dans le Jardin de l'Orangerie à Bessungen, dont les différentes terrasses et sentiers témoignent encore des plans originaux baroques.

 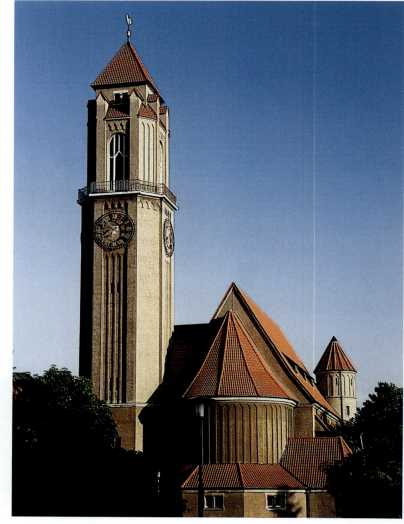

Pauluskirche

Um die Jahrhundertwende entstanden nicht nur eine Vielzahl von Mietwohnungen im Gründerzeitstil, sondern auch für Besserverdienende sollte neuer Wohnraum geschaffen werden. Die Stadt Darmstadt beauftragte Architekt und Professor Friedrich Pützer an der Technischen Hochschule mit der Planung eines neuen Villenviertels am Herdweg. Zu jenen Besserverdienenden zählten Professoren, Dichter und solche, die ihren Beruf hauptsächlich am Schreibtisch ausübten, so daß das Viertel im Volksmund schnell den Namen „Tintenviertel" erhielt. Mit der Erbauung der Pauluskirche verlieh man ihm die offizielle Bezeichnung „Paulusviertel". Die Kirche stammt, wie ihr Standort, der Paulusplatz, von Pützer und wurde in den Jahren 1905-07 erbaut. Das Besondere besteht in der Gesamtheit aus Kirche, Hof und Nebengebäuden und in der Verwendung der Materialien wie naturbrauner Rauhputz mit hellem Holz am Pfarrhaus und stark strukturierten Falzziegeln. Seiner Zeit gemäß, ließ Pützer es nicht an Jugendstilelementen fehlen. Hierzu gehören die Arkaden, der Brunnen im Innenhof und das Relief im

Giebel der Kirche sowie die Bemalung des Innenraumes der Kirche. Ein architektonisches Pendant zur Pauluskirche bildet die ehemalige Landeshypothekenbank. Sie steht auf einem Plateau, auf dem sich ebenfalls ein Brunnen befindet, zu dem jener Schattenriß (Foto oben) der kleinen Plastik gehört, die den Turm der Pauluskirche mit einem gebogenen Zweig über den Platz zu grüßen scheint.

Pauluskirche
The church, like its location, the Paulusplatz (square), is from Pützer and was built in the years 1905-1907.

Pauluskirche
L'église, toute comme sa place, la Paulusplatz, date de Pützer et fut construite dans les annes 1905 à 1907.

Paulusviertel: Haus Haardteck

Einer Burg gleich plante der Architekt Heinrich Metzendorf 1898 die Villa für den Schwiegersohn des Arzneimittelherstellers Merck, den Präsidenten des Verwaltungsgerichtshofes Dr. August Weber. So kam die Villa zu ihrem Spitznamen „Pillenburg". Unterstrichen wird der burgähnliche Charakter durch die Verwendung von Odenwälder Sandstein und durch verschiedene Elemente mittelalterlicher Baustile: Rundbogenfenster aus der Romanik, spitz zulaufende Giebel, die typisch für den gotischen Stil waren. Sandsteinplastiken aus der Sagenwelt, z. B. der tapfere Drachentöter, verleihen der Villa zusätzlichen Schmuck.

Paulusviertel: Haus Haardteck

In 1898, architect Heinrich Metzendorff designed the fortress-like villa for the son-in-law of medicine manufacturer Merck, the president of the administrative court, Dr. August Weber.

Quartier de Paul : Haus Haardteck

En 1898, l'architecte Heinrich Metzendorff dessina la villa en style forteresse pour le beau-fils du fabricant de produits médicaux Merck, Président de la Cour Administrative, le Dr. August Weber.

Alter Friedhof

Im Jahr 1828 wurde der Friedhof vom Kapellplatz nahe der Stadtmitte in den Herdweg bzw. an die Niederramstädter Straße verlegt. So befindet sich neben zahlreichen klassizistischen Grabanlagen mit künstlerisch gestalteten Grabsteinen auch das Grab Georg Mollers an dieser Stelle. Aber auch Grabsteine aus dem Jugendstil und aus der Zeit des Expressionismus gehören zu den Kostbarkeiten des Friedhofs. Besonders bemerkenswert sind der Marmorsarkophag der Familie Keller (kleines Bild oben) und die Grabanlage des Komponisten Friedrich von Flotow.

Old Cemetery

In the year 1828, the cemetery was transferred from the chapel square near the town centre to Herdweg/Niederramstädter Straße. The cemetery has fine examples of gravestones/monuments from the Jugendstil as well as from the Expressionist periods. Particularly noteworthy is the marble sarcophagus of the Keller family (small picture top) and the grave of the composer, Friedrich von Flotow.

Le Vieux cimetière

En 1828, le cimetière fut transféré de la place de la chapelle près du centre-ville, à Herdweg/Niederramstädter Strasse. Le cimetière contient de beaux examples de pierres tombales / monuments en style 1900 aussi bien que des périodes expressionnistes. Particulièrement digne d'être vue est le sarcophage en marbre de la famille Keller (petite photo du haut) et la tombe du compositeur, Friedrich von Flotow.

Posttechnisches Zentralamt in der Hilpertstraße

Die Monumentalplastik „Papyrus" aus Bronze des Italieners Arnaldo Pomodoro vor dem Posttechnischen Zentralamt stammt aus den Jahren 1988-1992. Ihre drei Einzelteile sind als Einheit gestaltet, bestehend aus einem wellenförmigen, 4 Meter breiten und 50 Zentimeter dicken Band, das mit einem gebogenen, 9 Meter hohen Teilstück scheinbar in die Erde eindringt, um an anderer Stelle als Schlinge wieder herauszutreten, scheinbar wieder in die Erde eindringt und schließlich mit einem kürzeren Teilstück in gebogener Form heraustritt. Dieses in Wellen zusammengeschobene „Papyrusblatt" versinnbildlicht die Nachrichtentechnik von der Schriftrolle der Antike bis zum Endlosband mit verschlüsselten Nachrichtencodes der Gegenwart.

Post Office Central Telecommunications Building in Hilpertstraße
The monumental bronze sculpture „Papyrus" by the Italian, Arnaldo Pomodoro, in front of the telecommunications building is from the years 1988-1992.

Bâtiment central des PTT et Télécommunications dans la Hilperstraße
La sculpture monumentale en bronze „Papyrus" réalisée par l'Italien Arnaldo Pomodoro en face du bâtiment des télécommunications, date des années 1988 à 92.

Kunsthalle mit Rheintor

Etwa an dieser Stelle der Rheinstraße stand das Rheintor als ehemalige Kunsthalle. Heute stehen die Originalsäulen eher als Zitat denn als Eingang vor der 1957 gänzlich neu erbauten Kunsthalle, die als Ausstellungsgebäude des Darmstädter Kunstvereins fungiert. Der Architekt Theo Pabst bevorzugte eine reduzierte Gestaltung des kubistischen Baukörpers. Er knüpfte damit an den Internationalen Stil und die Bauhaus-Architektur der 20er Jahre an, für die es in Darmstadt nur wenige Beispiele gibt. Die eher klassizistisch ausgeprägten Formen der Säulen erinnern hingegen an die Stadttore der Mollerzeit.

Art museum with Rheintor (Rhine Gateway)

Approximately at this point on the Rheinstraße stood the Rheintor as the former art museum. Today, the pillars function as a kind of entrance to the art museum built in 1957, which serves the Darmstadt Art Association as an exhibition building.

Musée des beaux-arts avec le Rheintor (portail du Rhin)

A peu près à cet endroit dans la Rheinstrasse se trouvait le portail du Rhin sous forme de l'ancien musée des beaux-arts. A présent, les piliers servent d'entrée en quelque sorte au musée des beaux-arts, construit en 1957, qui sert de bâtiment d'expositions à l'Association des Beaux-Arts de Darmstadt.

Hessische Landeszentralbank
Moderne Architektur einmal anders und dazu im reizvollen Gegensatz zu der nur durch die Kasinostraße getrennten Gründerzeitarchitektur zeigt sich in der Filiale der Hessischen Landeszentralbank, die als „vorbildlicher Bau in Hessen" ausgezeichnet wurde. Durchgehend bestimmt eine strenge rechteckige Geometrie das Gebäude, im Kontrast stehen dagegen die dunklen Fensterflächen mit dem hellen Sockel, der aus der Erde herauszubrechen scheint. Eher versteckt als markiert wird der Haupteingang durch eine große Eiche. Einen Akzent setzt die Plastik „Kommunikation", im Volksmund auch „Großkopferte" genannt, von Helmut Lander.

Verwaltungsgebäude der Firma Schenck
Fast in unmittelbarer Nachbarschaft zur Hessischen Landeszentralbank ragt das 1992 eingeweihte, 47 Millionen DM teure Verwaltungsgebäude der Maschinenfabrik Schenck wie ein hochseetaugliches Schiff aus dem Häusermeer.

Hessische Landeszentralbank (Hessian Regional Central Bank)
Modern architecture, a little different from the usual and a charming contrast to the Gründerzeit (Founder Period 1871-73) architecture on the other side of the Kasinostraße, as demonstrated in this branch of the Hessische Landeszentralbank, selected as an example of „outstanding architecture in Hessen".

La Banque Centrale du Land de la Hesse)
D'architecture moderne, un peu différente de l'ordinaire et formant un contraste charmant avec l'architecture les années de spéculation après 1870 (1871-73) de l'autre côté de la Kasinostrasse, comme démontré par cette succursale de la Hessische Zentralbank, choisie comme exemple „d'architecture extraordinaire dans la Hesse".

Administration building of the Schenck company
Almost immediately adjacent to the Hessische Landeszentralbank, the 47-million-mark administrative building of the Schenck machine factory, opened in 1992, rises above the sea of houses like an ocean-going vessel.

Photo du bas: Bâtiment administratif de la Société Schenck.
Pratiquement immédiatement voisine à la Hessische Landeszentralbank se trouve le bâtiment administratif de l'Usine de Machines Schenck, construite au prix de 47 millions de DM et ouvert en 1992, qui s'élève par-dessus un océan de maisons tel qu'un navire trans-océanique.

Ehemaliger Schlachthof

Die beiden Klinkerbauten des Schlachthofes an der Frankfurter Straße stammen von Stadtbaumeister Stephan Braden. Sie beherbergten die Restauration des Schlachthofes und seine Verwaltung. Aus den 20er Jahren stammt der noch erhaltene Seuchenstall. 1988 wurde der Schlachthof wegen gravierender Mängel in der Abwasserentsorgung geschlossen und das Areal für städtische Verwaltungsgebäude und den Wohnungsbau neu genutzt. Auch Friedensreich Hundertwasser hat ein Haus für dieses Gelände entworfen, das dem Viertel zu neuer Attraktivität verhelfen wird.

Former slaughterhouse

The two clinker-brick buildings of the slaughterhouse in Frankfurter Straße were built by the town's master builder, Stephan Braden. They contained the slaughterhouse's restaurant and administration.

Les anciens abattoirs

Les deux bâtiments en klinker des abattoirs dans la Frankfurter Strasse furent érigés par le maître-constructeur de la ville, Stephan Braden. Ils hébergeaient le restaurant et l'administration des abattoirs.

Johanneskirche

1894 wurde die Johanneskirche nach 2-jähriger Bauzeit nach den Plänen von Prof. Heinrich von Schmidt fertiggestellt. Der neugotische Kirchenbau verleiht dem bereits um 1871 bebauten Viertel, das ursprünglich nach dem Hauptinvestor Blumenthalviertel hieß, den neuen Namen Johannesviertel.

Johanneskirche

The Johanneskirche was completed in two years in 1894 after the plans of Professor Heinrich von Schmidt. The church, built in the neo-Gothic style, gave the Blumenthalviertel district, whose buildings date from 1871 and which was named after the main investor, the new name of Johannesviertel.

Johanneskirche

La construction de l'église de St. Jean fut achevée après deux années de travaux en 1894 d'après les plans du Professeur Heinrich von Schmidt. L'église, érigée en style néo-gothique, donna son nom au district du Blumenthal, dont les bâtiments datent de 1871 et qui avait été baptisé du nom de son investisseur principal, le nom nouveau de Johannesviertel (Quartier de St. Jean).

Chemieunternehmen Merck, Frankfurter Straße
Der Name des den ehemaligen Haupteingang des Unternehmens prägenden Gebäudes, „Pützerturm", verrät bereits den Architekten. Neben diesem als Beamtenwohnturm geplanten Haus entwarf Friedrich Pützer auch Verwaltungsgebäude, Laboratorien und eine Arbeitersiedlung für Merck, die jedoch nicht erhalten sind. Daß das Unternehmen nicht nur der Tradition, sondern auch der Moderne verbunden ist, zeigt die neue blaue Glaspyramide, die nun den alten Haupteingang in seiner Funktion abgelöst hat.

Merck chemical factory, Frankfurter Straße
Apart from the tower, which is one of the main features of the building, Friedrich Pützer also designed administration buildings, laboratories, and a workers' housing estate for Merck, which however are no longer there.

L'usine chimique Merck dans la Frankfurter Strasse
En plus de la tour qui form l'un des traits caractéristiques du bâtiment, Friedrich Pützer dessina aussi les bâtiments administratifs, les laboratoires et un lotissement destiné aux ouvriers de Merck qui n'existent plus de nos jours.

Hauptbahnhof

Am 28. April 1912 wurde der von Friedrich Pützer und Friedrich Mettegang errichtete Hauptbahnhof, der die Bahnhöfe am Steubenplatz ersetzen sollte, eingeweiht. Um dem Bedarf nach neuen Wohngebieten, vor allem aber auch der Verkehrsanbindung an die neu entstandenen und entstehenden Industriegebiete gerecht zu werden, wurde der neue Bahnhof an den Westrand der Stadt verlegt. Auch hier kann der aufmerksame Reisende noch Elemente aus dem Jugendstil entdecken. Verläßt man die Empfangshalle durch den Haupteingang, so steht man auf dem seit 1957 so benannten „Platz der deutschen Einheit".

Central Station

The Central Station was inaugurated on 28th April 1912. Built by Friedrich Pützer and Friedrich Mettegang, it was intended to replace the stations on Steuben Square.

Gare centrale

La Gare centrale fut inaugurée le 28 avril 1912. Construite par Friedrich Putzer et Friedrich Mettegang, elle devait remplacer la gares sur la Steubenplatz.

Jagdschloß Kranichstein

Schon vor 1572 stand an dieser Stelle ein Gutshof, den Landgraf Georg I. zu einem Jagdschloß ausbauen ließ. Zu der dreiflügeligen Anlage gehörten Ställe, Scheunen, eine Kapelle und Wohnräume. An den Umbauten im 19. Jahrhundert war auch Georg Moller beteiligt. Dessen neogotischer Treppengiebel, der noch auf zeitgenössischen Ansichten erhalten ist, wurde schon 1863 durch einen Neurenaissance-Giebel ersetzt. Bereits 1918 ließ Großherzog Ernst Ludwig im ehemaligen Jagdschloß Ludwigs VIII. ein Jagdmuseum einrichten, das in neukonzipierter Form heute wieder zu besichtigen ist. Zur Schloßanlage gehören mehrere Nebengebäude und der „Backhausteich", ein nach dem ehemals an seinem Ufer gelegenen Backhaus benannter Schloßteich. Des weiteren läßt sich in dem neu eingerichteten Hotel und Restaurant auch heute wieder fürstlich wohnen und speisen.

Kranichstein hunting lodge

Prior to 1572, there was an estate on this spot, which Landgrave Georg I had enlarged into a hunting lodge. The three-wing complex contained stables, barns, a chapel, and residential quarters.

Kranichstein Pavillon de chasse

Avant 1572 il existait sur ces lieux une propriété que le landgrave Georg Ier avait aménagée pour en faire un pavillon de chasse. L'ensemble, se composant de trois ailes, abrite des étables, des granges, une chapelle et des quartiers résidentiels.

„Buchhändler"
Die Skulptur vor dem Justus-Liebig-Haus, das die Volkshochschule und die Stadtbibliothek beherbergt, stammt von Michael Schwarze aus dem Jahr 1983. Sie wurde 1984 von dem damaligen Kulturreferenten Bernd Krimmel in der Freilicht-Ausstellung der „Ziegelhütte" gefunden und symbolisiert die Aktivitäten im Justus-Liebig-Haus: Lesen und Lernen.

Picture left: „Book-sellers"
The sculpture in front of the Justus Liebig building, containing the adult education centre and the town library, was done by Michael Schwarze in the year 1983.

Photo de gauche. „bouquinistes"
La sculpture devant le bâtiment Justus Liebig, abritant le centre de formation d'adultes et la librairie municipale, fut exécutée par Michael Schwarze en 1893.

„Stürzender Reiter"
Waldemar Grzimek schuf diese Bronzeplastik 1974. 1977 wurde sie von der Kunsthalle in die Erich-Ollenhauer-Anlage versetzt. Dargestellt ist ein nackter Reiter, der mit aller Kraft versucht, das strauchelnde Pferd wieder aufzurichten, aber die eingeknickten Beine und der angstverzerrte Blick lassen ahnen, daß Pferd und Reiter stürzen werden. – Die Erich-Ollenhauer-Promenade gilt übrigens wegen ihrer geographischen und inhaltlichen Verbindung der Stadt zur Künstlerkolonie als „Kunstweg", der von weiteren Plastiken gesäumt ist.

Picture left: „Falling horseman"
Waldemar Grzimek created this bronze sculpture in 1974. It was moved from the art museum to the Erich Ollenhauer Park in 1977.

Photo de gauche: „la chute du cavalier"
Waldemar Grzimek créa cette sculpuire en bronze en 1874. Elle fut transportée du musée des arts au Parc Erich Ollenhauer en 1977.

Bild links: Wixhausen

Darmstadts jüngster Stadtteil mit alter Geschichte: Das frühere Dorf, als Arbeiterwohngemeinde 1977 eingemeindet, wurde bereits im 12. Jahrhundert erwähnt. Der Kirchturm stammt aus dem 12. Jahrhundert, die „neue" Pfarrkirche wurde im Jahr 1776 eingeweiht.

Left Photo: Darmstadt's newest district with an ancient history: The first recorded mention of the former village, incorporated as a workers' residential community in 1977, was in the 12th Century. The church tower is from the 12th century, the "new" parish church consecrated in the year 1776.

Photo à gauche: Wixhausen

Le plus recent quartier de Darmstadt cependant riche d'une vielle histoire: Déjà mentionné au 12ème siècle, cet ancien village fut rattaché à Darmstadt en 1977, et éait à cette époque une commune àpopulation ouvriere. Le clocher date du 12éme siecle, l'èglise paroissiale „nouvelle" a été consacrée en 1776.

Bild unten: Oberwaldhaus am Steinbrücker Teich

Bereits 1901 wurde das Oberwaldhaus als „Waldwirtschaftslokal" errichtet. 1967 wird es Teil der neugestalteten Freizeitanlage, es entwickelt sich zu einem beliebten Ausflugsziel der Darmstädter.

Photo below: Oberwaldhaus at Steinbrücker Teich (pond)

The Oberwaldhaus was erected in 1901 as a „Waldwirtschaftslokal" (inn in the woods). In 1967, it was integrated into the newly designed leisure park. It has developed into one of Darmstadt's favourite places to go for a day out.

Photo au dessous: Oberwadhaus au bord de l' étang de Steinbrück

Dés 1901 on aménagea dans la forêt une auberge, l'Oberwaldhaus. En 1967, eile fut alors intégrée au nouveau parc de loisirs. Elle devint ainsi le but de promenade favori des habitants de Darmstadt.

Weitere Bücher aus dem Wartberg Verlag für Ihre Region

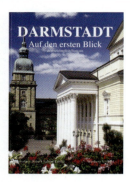

Johannes Hahn, Sabine Lemke
Darmstadt
Auf den ersten Blick
deutsch/englisch
32 S., geb., zahlr. Farbfotos
(ISBN 3-861-34-607-9)

Friedrich Wilhelm Knieß
Darmstadt
Bewegte Zeiten – die 50er Jahre
Historische Fotografien
72 S., geb., zahlr. s/w Fotos
(ISBN 3-86134-423-8)

Friedrich Wilhelm Knieß
Darmstadt – Gestern und heute
Fotografien von Roland Koch
48 S., geb., mit zahlr. s/w- und Farbfotos
(ISBN 3-86134-455-6)

Sibylle Maxheimer, Sabine Welsch
Geheimnisvolles Darmstadt
48 S., mit zahlr. Farbfotos
(ISBN 3-8313-1247-8)

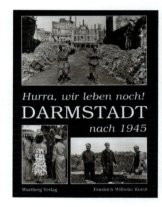

Friedrich Wilhelm Knieß
Hurra, wir leben noch!
Darmstadt nach 1945
64 S., geb., Großformat, zahlr. s/w Fotos,
(ISBN 3-8313-1327-X)

Michael Horn, Christina Lange-Horn
Die schönsten Burgen und Schlösser im südlichen Hessen
Entdeckungen im Odenwald, an der Bergstraße, im Rheingau und im Vordertaunus
88 S., geb., zahlr. farbige Abb.
(ISBN 3-86134-488-2)

Wartberg Verlag GmbH & Co. KG
Bücher für Deutschlands Städte und Regionen
Im Wiesental 1 · 34281 Gudensberg-Gleichen · Telefon (0 56 03) 9 30 50 · Fax (0 56 03) 30 83
www.wartberg-verlag.de